만화로 보는 IT 상식사전

초판 발행 · 2023년 5월 19일

지은이 · 윤진, 이솔
발행인 · 이종원
발행처 · (주)도서출판 길벗
브랜드 · 더퀘스트
주소 · 서울시 마포구 월드컵로 10길 56(서교동)
대표전화 · 02)332-0931 | **팩스** · 02)322-0586
출판사 등록일 · 1990년 12월 24일
홈페이지 · www.gilbut.co.kr | **이메일** · gilbut@gilbut.co.kr

기획 및 책임편집 · 오수영(cookie@gilbut.co.kr), 유예진, 송은경, 정아영 | **제작** · 이준호, 손일순, 이진혁
마케팅 · 정경원, 김진영, 최명주, 김도현, 이승기 | **영업관리** · 김명자 | **독자지원** · 윤정아, 최희창

디자인 · 디스커버 | **교정교열** · 조소영
CTP 출력 및 인쇄 · 예림인쇄 | **제본** · 예림인쇄

- 더퀘스트는 길벗출판사의 인문교양·비즈니스 단행본 브랜드입니다.
- 이 책은 저작권법에 따라 보호받는 저작물이므로 무단전재와 무단복제를 금합니다. 이 책의 전부 또는 일부를 이용하려면 반드시 사전에 저작권자와 길벗출판사의 서면 동의를 받아야 합니다.
- 잘못 만든 책은 구입한 서점에서 바꿔 드립니다.

ⓒ윤진, 2023
ISBN 979-11-407-0414-9 (03320)
(길벗 도서번호 090214)

정가 19,800원

독자의 1초까지 아껴주는 길벗출판사

(주)도서출판 길벗 | IT교육서, IT단행본, 경제경영서, 어학&실용서, 인문교양서, 자녀교육서 www.gilbut.co.kr
길벗스쿨 | 국어학습, 수학학습, 어린이교양, 주니어 어학학습, 학습단행본 www.gilbutschool.co.kr

만화로 보는 IT 상식사전

글 윤진 | 그림 이솔

챗GPT부터 웹 3.0, 블록체인, 양자컴퓨터까지
디지털 시대 필수 교양서

"하루 3분 투자로 IT 문해력이 높아진다!"

더퀘스트

프롤로그

신기술의 날갯짓이 전 세계를 휩쓰는 지금

코로나19가 전 세계를 잠식했던 2020년, 삼성전자 주식을 5만 원대에 샀다. 주식시장은 요동쳤고, 나는 주식이 8만 원쯤으로 올랐을 때 팔았다. 이후 비대면 특수로 K-반도체에 대한 기대감이 높아지면서 삼성전자는 한 주당 10만 원까지 올라갔다. 다시금 '가즈아'를 외치며 7만 원대의 가격에 들어갔지만 이미 고점을 찍고 내려오던 때였고 결국 손실을 봤다. 나와 비슷한 물결에 휩쓸린 사람이 꽤 많았고, 현재 삼성전자 주주는 638만 명이라고 한다. 그리고 다시 2023년 1분기 영업이익은 6억 원으로 2022년 1분기 대비 96% 감소했다. 눈부시게 좋았던 반도체 실적이 4조 원의 적자를 기록할 정도로 급강하한 탓이었다.

글로벌 기업들도 마찬가지다. IT 거물들을 칭하는 FAANG, 즉 페이스북^{Facebook}, 애플^{Apple}, 아마존^{Amazon}, 넷플릭스^{Netflix}, 구글^{Google}의 시대가 저물고 MANTA, 즉 마이크로소프트^{Microsoft, MS}, 애플, 엔비디아^{NVIDIA}, 테슬라^{Tesla}, 알파벳^{Alphabet}의 시대가 시작되었다. 한동안 관심 밖에 있던 인공지능^{AI}은 오픈AI^{OpenAI}라는 회사가 대화형 인공지능 서비스인 챗GPT^{ChatGPT}를 발표한 이후 다시 뜨거운 주제가 되었다. 덕분에 오픈AI의 주요 투자사인 MS가 질주하자, 구글과 네이버 등 기업들도 비상이 걸렸다. 저마다 챗GPT와 유사한 서비스를 만들겠다고 발표했다. 신기술의 날갯짓 하나에 전 세계가 휩쓸리고 있는 것이다.

디지털 시대, IT 문해력은 필수 능력

언론은 연일 테크 기업들의 뉴스를 보도하고 새로 뜨는 기술 소식을 전하고 있다. 개인의 삶도 달라졌다. 학교와 직장에서 온라인 방식이 보편화되었으며 의사가 AI로 병을 진단하고 드론이 각 가정에 택배를 배송하는 일도 현실화되고 있다. 게다가 온전히 디지털만 경험한 알파 세대(Alpha Generation)가 등장하면서 시장의 디지털전환(Digital Transformation)은 더욱 가속화되고 있다.

우리는 IT 기술과 기업이 세계 경제를 쥐락펴락하는 모습을 목격하고 있다. 따라서 현재를 잘 살고 미래 경쟁력을 갖기 위해 디지털 세상을 배워야 한다는 필요성을 느낀다. 이런 시대에 IT 기술을 모르는 것은 디지털 문맹과 다를 바 없다.

하지만 막상 공부하려고 들면 만만찮은 게 디지털 기술이다. 오픈AI, 클라우드, 증강현실 등 분명 뉴스나 유튜브에서, 그리고 옆자리 동료와 잡담을 나눌 때에 많이 들어 봤지만 사실 이 기술들이 무엇을 뜻하는지, 어떤 기업이 주도하고 있는지, 앞으로 어떻게 발전할 것인지 여전히 정확히는 알지 못한다.

IT 전공 서적은 두껍고 어려워 완독이 쉽지 않다. 나 역시 그랬다. 실제로 '나 같은 독자를 위해' 블록체인과 이더리움을 만화로 쉽게 풀어 달라는 요청을 직장인 대상 콘텐츠 플랫폼으로부터 받았다. 그렇게 그린 〈멱살 잡고 NFT 이해시켜주는 만화〉에 많은 독자가 호평을 남겨 주기도 했다.

유쾌한 만화 x 친절한 설명 x 탄탄한 내용
최소한의 IT 상식을 담다

혼란스러운 IT 용어와 복잡해 보이는 테크 비즈니스 세계도 찬찬히 보면 쉽게 이해할 수 있다. 이 책에서는 디지털 세상을 네 가지의 큰 흐름을 따라가며 설명한다.

파트 1에서는 연일 입에 오르내리고 있는 인공지능을 파헤쳐 본다. AI라는 용어가 등장한 시기부터 '왜 최근 들어 다시 핫해졌는지' 기술의 역사를 들어 설명했다. 또한 AI 스피커, 자율주행, 인공지능 분야와 카카오, KT, 애플 등 기업 사례로 AI 비즈니스의 미래를 그려 본다.

파트 2에서는 디지털 세상 전반을 거시적으로 조망한다. 단순히 읽고 쓰기만 가능했던 웹 1.0, 2.0 시대를 지나 '모든 사람이 크리에이터^{Creator}가 될 수 있는' 현재 웹 3.0 시대의 특징을 풀었다. 이와 함께 탈중앙화 개념과 블록체인, 비트코인, 이더리움 등이 무엇인지 담았다.

파트 3에서는 현실이 아닌 가상의 경제 생태계를 뜯어 본다. 메타버스, NFT가 정확히 무엇인지, 어디에 활용되고 있는지, 함께 발전하고 있는 기술은 무엇인지 살펴본다.

마지막 파트 4에서는 디지털 세상에서 벌어지고 있는 기술 전쟁을 들여다본다. 아마존, 구글, MS 등 빅테크 기업이 치열하게 경쟁하고 있는 클라우드 기술과 차세대 기술로 주목받고 있는 양자컴퓨터에 대해 설명했다.

주변에서 디지털 관련 뉴스를 이야기할 때 아는 척 끄덕였던 직장인부터 IT 지식과 비즈니스 동향을 알고 싶은 문과생 및 취준생, 테슬라가 무엇을 하려 하는지 그리고 계속 주식을 쥐고 있어도 되는지 궁금한 초보 투자자, 디지털 세대를 키우고 있는 부모님 등 이 책 한 권만 보면 든든한 디지털 문해력을 쌓을 수 있을 것이다.

_윤진, 이솔

목차

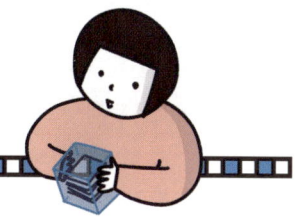

프롤로그   4

PART 1. 인류의 미래를 바꾸는 인공지능

1화 인공지능을 진화시킨 딥러닝 기술   11
2화 인공지능의 자양분, 빅데이터   31
3화 전 세계를 뒤흔든 빅이슈, 오픈AI   46
4화 챗GPT의 실체와 미래   67

PART 2. 디지털 혁명이 만든 일상

5화 누구 웹 3.0 본 사람?   89
6화 평범한 일상이 돈이 되는 세상   108
7화 웹 3.0을 떠받치는 기술, 블록체인   125
8화 군주가 없는 이더리움의 세계   148
9화 이더리움과 '이더리움 킬러'들   171
10화 미래의 커뮤니티상 다오   190

PART 3. 현실과 가상을 넘나드는 경제 생태계

11화 디지털 지구, 메타버스 세상　　215
12화 가상세계를 창조하는 XR 기술　　251
13화 대체 불가능한 가치, NFT　　267
14화 블록체인 기술이 이끄는 새로운 경제　　301

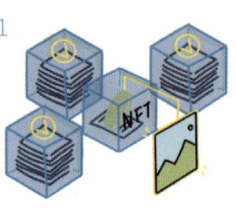

PART 4. 빅테크 기업의 미래 먹거리 전쟁

15화 돈이 몰리는 클라우드 서비스　　333
16화 아마존 vs MS vs 구글, 구름 타고 대격돌　　349
17화 0과 1이 공존하는 세계, 양자컴퓨터　　364
18화 양자컴퓨터의 미래　　382

에필로그　401
참고 자료　404

PART 1.
인류의 미래를 바꾸는 인공지능

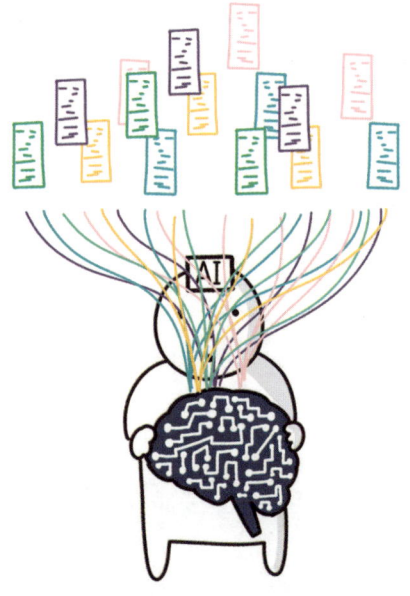

1화

인공지능을 진화시킨 딥러닝 기술

2016년 3월, 알파고의 충격적인 등장 이후
7년이라는 시간이 지났다.

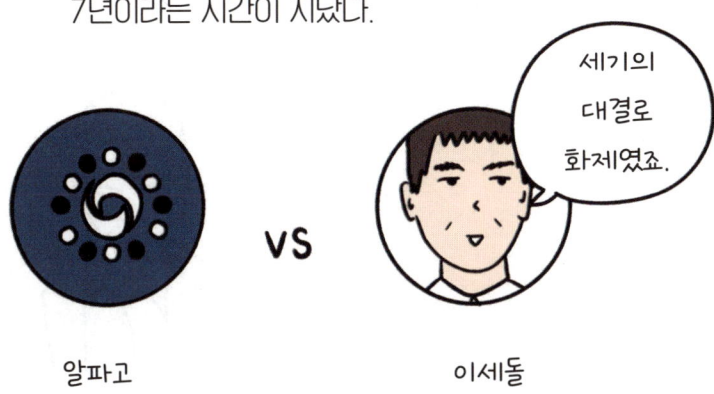

알파고   이세돌

알파고는 머신러닝(기계학습)의 한 방법인
딥러닝(Deep Learning)으로 수십만 건의
바둑 기보를 학습한 인공지능(AI)이다.

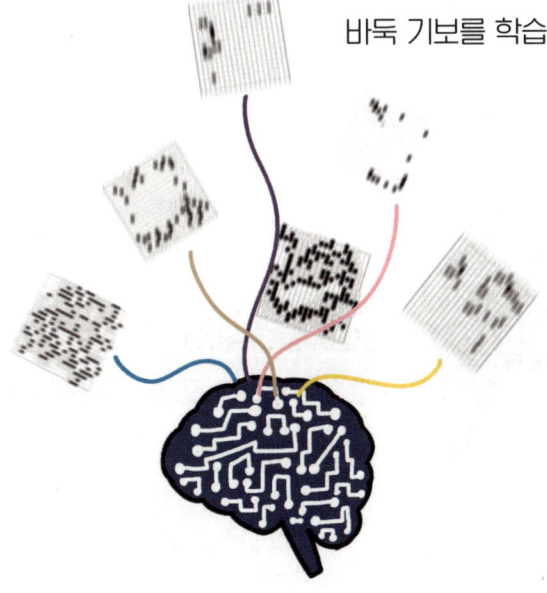

그렇게 세계 최강 바둑기사 이세돌을 꺾은 인공지능.

초반의 충격을 넘어 인공지능은 이제
우리에게 익숙한 기술이 되었다.

인공지능이 우리에게 익숙해질 정도로
발전한 데에는 딥러닝 기술이 있었다.

인공지능이란 용어 자체는
1950년대에 처음 등장했다.

여러 실험 중 우리 뇌의 신경망을 본떠
인공신경망을 만드는 시도가 1950년대부터 있었다.

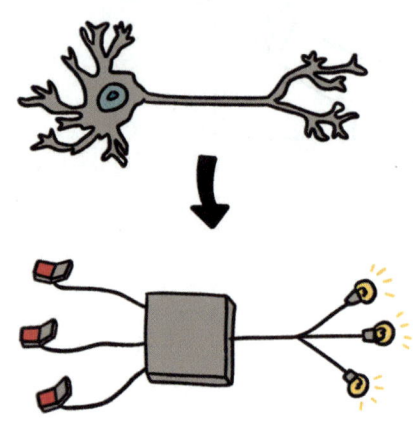

하지만 당시에는
별다른 성과를 보이지 못했다.

이걸 뭐
어쩌라고…

그러다 2010년대에 들어서면서 달라졌다.
본격적으로 인공신경망 알고리즘인
딥러닝을 활용하기 시작했기 때문이다.

내가 이 게임을 끝내러 왔다.

딥러닝 기술이 2010년대 들어 주목받은 데에는 크게 세 가지 이유가 있어요.

첫 번째는 딥러닝 기술 자체가 개선되었기 때문이다.

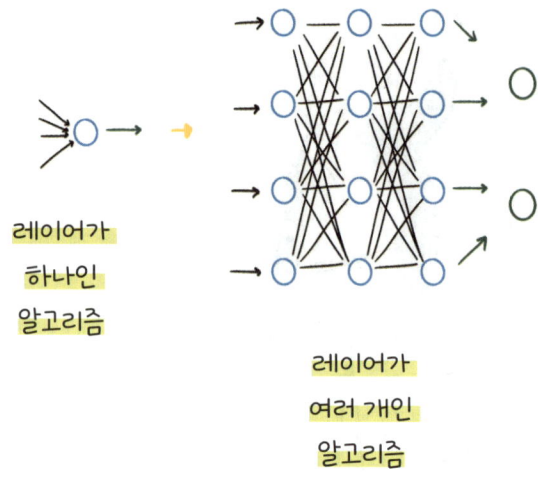

과거에는 입력과 결과물 사이에 가중치를 계산하는
레이어(Layer)를 하나 또는 두 개밖에 두지 못했다.
하지만 기술이 개선되며 레이어를 여러 개 둘 수 있게 되었다.

두 번째는 컴퓨터의 성능이
기하급수적으로 발전했기 때문이다.

무어의 법칙 명명자,
카버 미드

"반도체 칩에 집적할 수 있는
트랜지스터의 숫자가 적어도
2년마다 두 배씩 증가한다!"

→ 즉, 2년마다 메모리 용량과
CPU 속도가 두 배가 되는 것

인텔 공동 설립자,
고든 무어(1929~2023.3)

이처럼 어마어마한 속도로
반도체가 발전했다.

CPU와 달리 병렬 연산처리가 가능한 GPU의 발전으로
연산 속도가 높아져 데이터의 대량 연산이 가능해졌다.

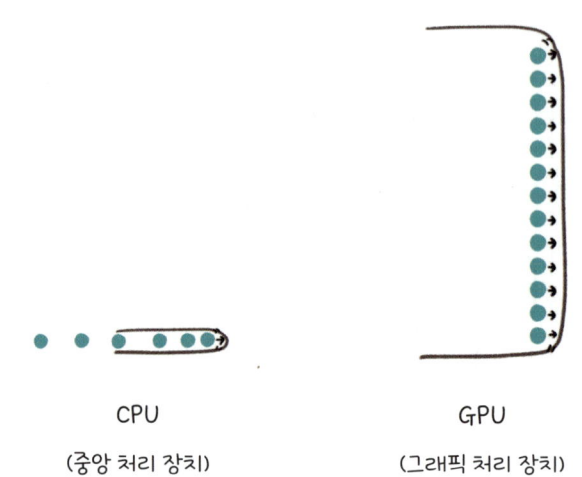

CPU

(중앙 처리 장치)

GPU

(그래픽 처리 장치)

세 번째, 딥러닝에 투입할 수 있는
빅데이터의 수집이 가능해졌기 때문이다.

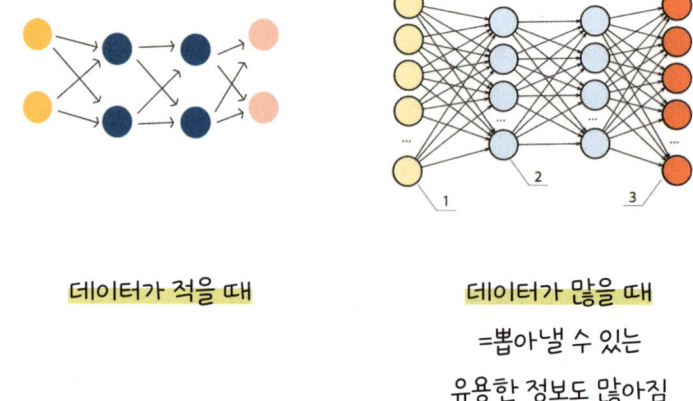

데이터가 적을 때

데이터가 많을 때

=뽑아낼 수 있는
유용한 정보도 많아짐

당장 일반 사람도 인터넷에서
수많은 데이터를 확보할 수 있는 시대다.

일례로, 2012년에 개최된 인공지능으로
이미지를 인식하는 대회 '이미지넷 챌린지'에서

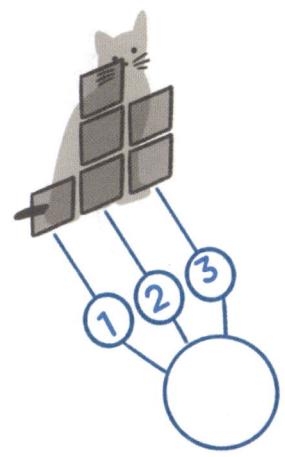

다른 팀과 월등한 차이를 보이며
우승한 팀의 비밀은 바로 딥러닝 기술을
사용한다는 것이었다.

사실 이미지를 보고 개와 고양이를 구분하는 문제는
인공지능이 오래도록 해결하지 못한 난제였다.

하지만 딥러닝으로 온라인상의 수많은 이미지를 입력하여
개와 고양이를 학습시키자 인공지능이 이를 구분하게 된 것이다.

이 사건은 딥러닝 연구가
폭발적으로 늘어나는 신호탄이 되었다.

이렇듯 수많은 데이터와 딥러닝으로
학습한 AI 기술은 나날이 발전해
이제 우리 생활 곳곳에 파고들었다.

==먼저 AI 스피커가 있다.==

우리나라에서만 1천만 대 정도 보급되었을 것으로 추정된다.
대표적인 것으로는 누구, 기가지니, 클로바, 카카오 등이 있다.

사람의 음성을 인식해 음악을 틀거나 알람을 울리거나
날씨를 알려 주는 간단한 일을 처리하고 있다.

그다음은, 자율주행 기술이다.

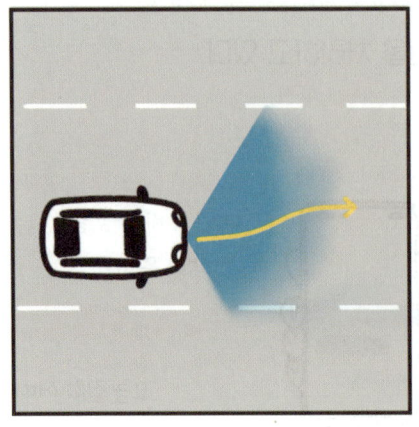

차로 유지 보조
(Lane Following Assist, LFA)

주행 시 차로의 중앙을 유지하며 주행하도록 도와주는 기술이다.

차로 이탈 방지
(Lane Keeping Assist, LKA)

주행 시 방향지시등을 켜지 않고 차선을 이동할 경우 이를 경고해 주고, 차로를 이탈하지 않도록 자동으로 조향을 도와주는 기술이다.

고속도로 주행 보조
(Highway Driving Assist, HDA)

고속도로 및 자동차 전용도로 주행 시 앞차와의 거리를 유지하며 주행하도록 도와주는 기술이다.

스마트 크루즈 컨트롤
(Smart Cruise Control, SCC)

주행 시 앞차와의 거리를 유지하며 운전자가 설정한 속도로 주행하도록 도와주는 기술이다.

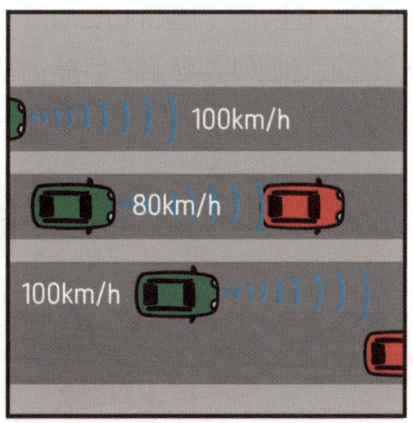

이외에도 여러 반자율주행 기술이 자동차에 탑재되어 있다.

테슬라는 차량에
완전자율주행(Full Self Driving, FSD) 시스템을 지원한다.

그러나 실제로는 완전히 자율적으로
주행하고 있지는 않다!

완벽한 자율주행 기술이 나오려면
수십억 킬로미터의 주행 테스트를 거쳐

차량의 자율주행 능력이 인간 운전자의
주행 능력보다 월등하게 앞선다는 사실을
검증해야 하기 때문에 쉽지 않다.

AI 기술에 기반한 자율주행은 우리 삶에
가장 큰 영향을 끼치는 분야 중 하나가 될 것이다.

인공지능과 머신러닝, 딥러닝

인공지능Artificial Intelligence은 인간의 지능을 모방하는 컴퓨터 프로그램을 말한다. 인공지능은 기계가 사람처럼 생각하고 결정을 내릴 수 있도록 구현하는 것을 목적으로 한다.

머신러닝Machine Learning은 인공지능의 한 분야로, 컴퓨터가 데이터를 학습하여 문제를 해결하게 하는 기술이다. 머신러닝은 일종의 통계학적 기법으로, 기존 데이터를 바탕으로 새로운 데이터에 대한 예측이나 분석을 할 수 있다.

딥러닝은 머신러닝의 한 분야로, 신경망 구조를 사용하여 학습하는 기술이다. 딥러닝은 여러 층으로 구성된 신경망을 통해 매우 복잡한 패턴을 학습할 수 있어 영상, 음성, 자연어 처리 등의 분야에 활용되고 있다.

자율주행 기술

자율주행 기술은 최근 몇 년 동안 크게 발전했으며 현재 가장 유망하고 빠르게 성장하는 기술 분야 중 하나다. 자율주행차는 센서, 카메라, 레이더, 소프트웨어 알고리즘 조합을 사용해 주변 환경을 인식하고, 운행한다.

자율주행 기술은 레벨 0(비자동화)부터 레벨 5(완전 자율)까지 6단계가 있는데, 현재 운행되는 대부분의 차량은 레벨 2 또는 레벨 3이다. 조향과 가속, 브레이크 제어 같은 일부 작업을 수행할 수는 있지만, 아직 인간이 통제해야 한다. 자동차 회사를 비롯해 구글 등 다양한 기업에서 인간의 개입 없이 스스로 안전하게 운전할 수 있는 자율주행차를 개발하기 위해 노력하고 있다.

기술의 발전 외에도 자율주행차가 도로를 달리기 위해서는 몇 가지 조건이 더 필요하다. 규제 및 법적 문제, 보험 등이 먼저 해결되어야 하고, 차량 해킹 방지 및 데이터 보호 등이 이루어져야 한다.

자율주행차 사업에 뛰어든 주요 기업들

-웨이모Waymo: 구글 자회사 웨이모의 자율주행차는 2020년까지 3,200만 킬로미터를 시험 주행했다. 2022년 말, 로스앤젤레스와 샌프란시스코에서 로보택시 서비스를 시작하겠다는 계획을 발표했다.

-테슬라: 자율주행 기술을 개발해 오토파일럿Autopilot과 완전자율주행 구현 기능Full Self Driving Capability, FSD을 보유하고 있다. 유튜브에 테슬라 자율주행 기능을 켜 놓고 자는 운전자 영상도 여럿 있을 정도이나 아직 자율주행 레벨 2단계이다.

-크루즈Cruise: GM 자회사 크루즈(2016년 인수)는 샌프란시스코에서 2020년부터 무료 로보택시 서비스를 테스트했으며, 2022년 6월 유료로 전환하여 운행하고 있다. 요금은 기존 택시 요금보다 조금 저렴하다.

-바이두Baidu: 중국 최대의 인터넷 검색 업체로, 바이두의 자율주행 서비스 플랫폼 아폴로 고Apollo Go는 베이징에서 완전 무인 자율주행 시범 응용 허가를 받았다. 아폴로 고는 베이징에 앞서 우한, 충칭 등에서 로보택시 서비스를 제공하고 있다.

2화

인공지능의 자양분, 빅데이터

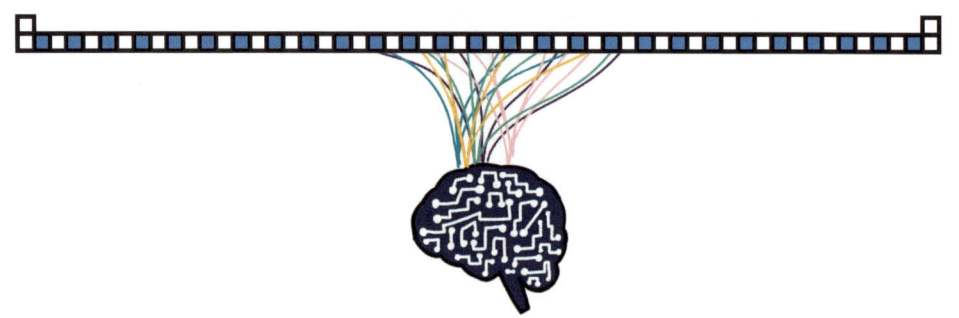

==먼저, 번역 기술이 있다.==
파파고와 구글 번역이 대표적이다.

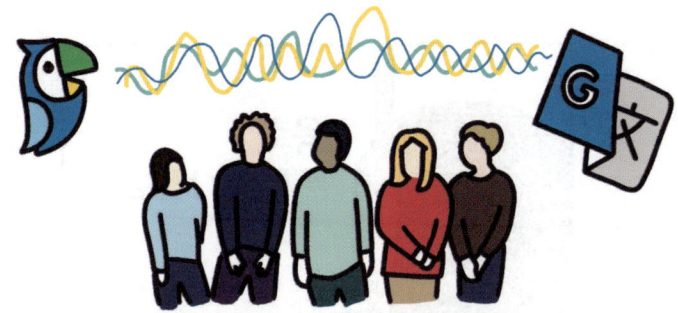

완벽하지는 않지만 많은 사람이 이용하고 있다.
복잡하지 않은 문장을 번역하기에 무리가 없다.

수년 전, 육회를 Six Times로 번역해 메뉴판에 올린 식당이 있었다.

지금은…

다음은 챗봇 기술이다.
AI 챗봇을 도입한 기업이 늘고 있다.
편리하고 빠른 상담으로 이용자 만족도가 높다.

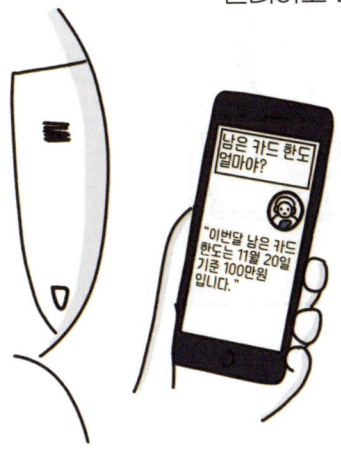

게다가 AI의 활약 덕분에
고객센터의 업무량은 줄어들었다.

실제로 KT는 2018년부터 AI 고객센터를 운영해 전체 상담의 25% 정도를 처리해 오고 있다.

덕분에 월평균 전화 상담 처리량 47만 건이 감소했다.

이미지 판독 분야도 살펴볼 만하다. 병원에서는 AI가 X선, CT, MRI 이미지를 빠르게 분석해 의사의 진단을 돕는다.

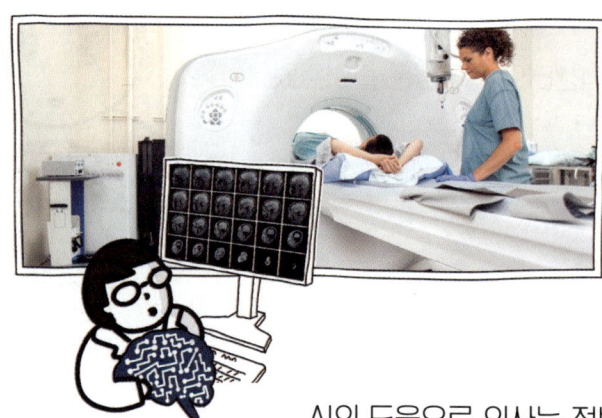

AI의 도움으로 의사는 전보다 훨씬 많은 사진을 판독할 수 있게 되었다.

==알고리즘 추천 분야도 더욱 정교하게 발전했다.==
유튜브와 넷플릭스 등은 우리가 어떤 것들을 보는지 지켜본 다음,
볼 만한 영상이나 이미지를 추천한다.

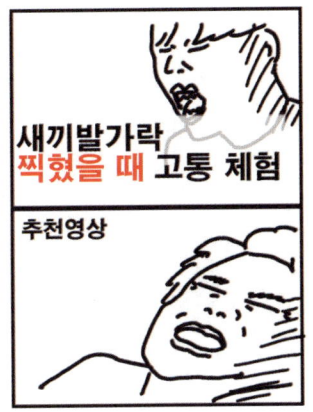

알 수 없는 알고리즘이
나를 이곳으로 이끌었다…

쇼핑 사이트에서는 우리가 구입하거나
관심 가졌던 상품을 토대로,
구매할 만한 상품을 추천해 준다.

"당신은 이걸 좋아할
것입니다, 휴먼?"

AI는 우리의 행동과 생각을 점점 더 잘 읽어 내고 있다.

==AI는 창의적인 생산물도 만들어 낸다.== AI가 그린 그림이 미술 대회에서 1위를 하는 일도 일어났다.

그림뿐만 아니라 글쓰기, 기획서 작성까지 가능하다.

==수많은 데이터를 분석하고 검토하는 능력도 뛰어나다.==

간단히 알아봐도 우리 실생활에 들어와 있는 AI 기술이 이렇게나 많다.

이제 AI 기술은 '있으면 편한 단계'를 넘어서 '없으면 안 되는 단계'가 되어 가고 있다.

AI는 다른 분야와의 결합도 예정되어 있다.

메타버스(Metaverse)의 가상환경을 AI 기술로 창조할 수도 있고,

현실의 인물도 AI 기술을 이용해 손쉽게 메타버스 속 아바타(Avatar)로 만들 수 있다.

AI는 블록체인의 데이터를
관리하는 데에도 활용될 수 있다.

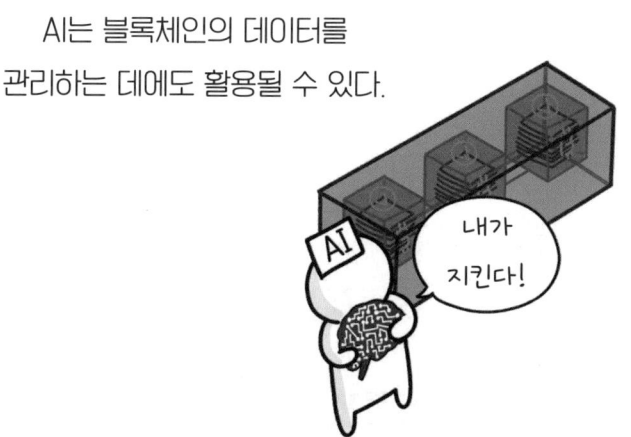

블록체인은 데이터를 투명하게 공개하는데,
자칫하면 민감한 개인정보를 노출할 위험이 있다.

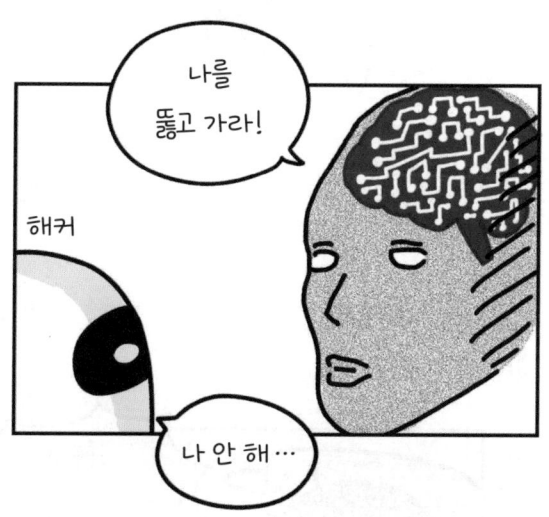

이를 AI 기술로 관리하면
보안을 더욱 높일 수 있다.

이렇게 AI의 영향력이 커진 데에는
딥러닝 기술이 큰 역할을 했다고 할 수 있다.

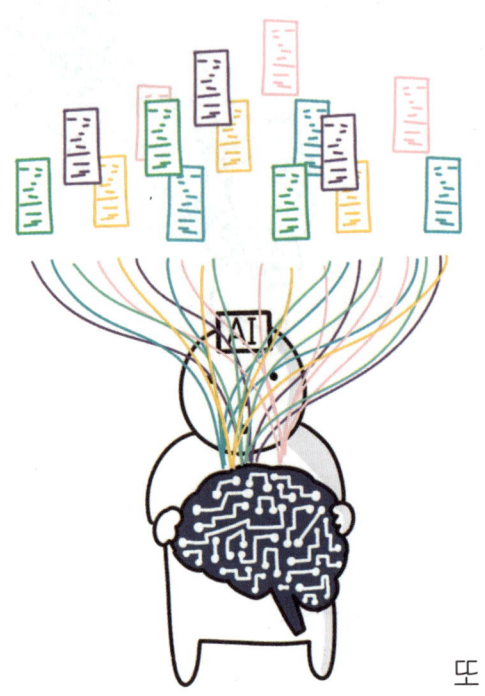

또 하나, AI 발전에
중요한 역할을 하는 것이 있다.
바로 데이터다.

그리고 이 데이터는
어마어마하게 많이 있어야 한다.

많은 기업들은 이용자의 데이터를 모아
AI를 만들고 개선하고 있다.

일례로, 테슬라는 수많은 테슬라 차량의 주행 데이터를 모아
자율주행 기술을 지속적으로 발전시키고 있다.

따라서 미래에는 데이터를 많이 확보하는
기업이 AI 기술에서 앞설 가능성이 크다.

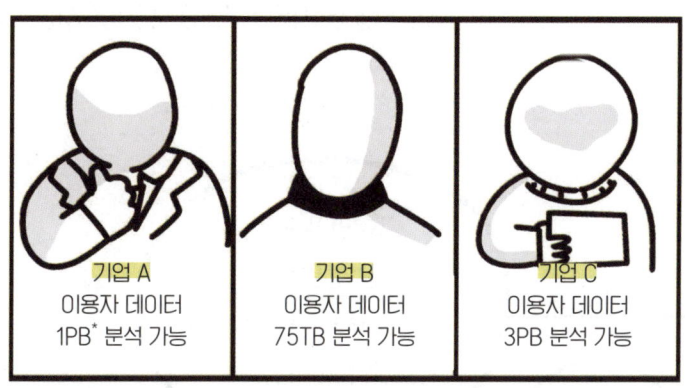

기업 A
이용자 데이터
1PB* 분석 가능

기업 B
이용자 데이터
75TB 분석 가능

기업 C
이용자 데이터
3PB 분석 가능

이에 기업들은 이용자의 데이터를 확보하기 위해
치열하게 경쟁하고 있다.

* 페타바이트, TB(테라바이트)의 약 1,000배

애플은 개인정보 보호 강화를 이유로 아이폰 앱에서
이용자의 활동을 추적하는 행위를 차단할 수 있도록 했고,

이로 인해 구글과 메타는 이용자 데이터를
확보하는 데 어려움을 겪고 있기도 하다.

실제로 애플의 정책 변경 이후
메타는 2022년 2분기 사상
처음으로 분기 매출이 감소했다.

그래서 온라인 서비스 분야에 치중하던
구글과 메타는 애플처럼 디바이스를 내놓고 있다.

직접 이용자의 데이터를
확보하기 위해 나선 것이다.

AI가 쓰일 주요 분야

-의료: 수많은 의료 데이터와 의료 영상을 분석해 진단을 지원하며, 환자를 위한 맞춤형 치료 계획을 개발하는 데 쓸 수 있다.
-금융: 사기 행위를 빠르게 감지하고, 신용 위험을 평가해 더 나은 투자 결정을 내리는 데 사용할 수 있다.
-쇼핑: 맞춤형 쇼핑을 제공하고 공급망을 최적화하며, 챗봇으로 고객을 응대하는 데 쓸 수 있다.
-제조: 생산 프로세스를 최적화해 생산 효율과 제품 품질을 높일 수 있다.
-교통: 자율주행차 개발, 교통신호체계 최적화, 물류 서비스 개선에 적용할 수 있다.
-에너지: 에너지 효율을 개선하며 에너지 생산 및 소비를 최적화하는 데 사용할 수 있다.

빅데이터의 중요성

다양한 분야에서 빅데이터를 활용해 혁신적인 기술과 서비스를 개발하고 있다. 비즈니스 분야에서는 빅데이터를 활용해 고객의 구매 패턴을 알아내고, 이를 통해 마케팅 효과, 수익 증대를 얻을 수 있다. 또한 정부에서는 빅데이터를 활용하여 국민의 건강, 안전, 교육환경 등을 개선할 수 있다.

학계에서는 빅데이터를 통해 새로운 연구 분야를 개척하고, 이전에는 발견하지 못했던 정보를 얻을 수 있으며, 의료 분야에서도 빅데이터는 질병 예측, 치료 및 예방, 의약품 개발, 생명 과학 연구 등에 많은 도움을 줄 수 있다.

3화

전 세계를 뒤흔든 빅이슈, 오픈AI

오픈AI라는 회사가 있다.

'인공지능 정보를 오픈소스화하여, 안전한 인공지능의 발전을 추구해 인류에게 이익을 주는 것'을 목표로 만들어진 인공지능 연구 회사다.

홍익인간의 정신?

널리 인간을 이롭게 하라!?

2015년 12월 일론 머스크와 실리콘밸리의 유명 투자자인 샘 올트먼을 비롯해 여러 사람이 10억 달러(우리 돈 약 1.2조 원)를 투자해 만들었다.

그러나 2018년 일론 머스크는 오픈AI 이사회에서 사퇴하게 되는데, 두 가지 사건 때문이다.

하나는 오픈AI 초기 연구원이었던 안드레이 카파시가 2017년 테슬라로 이직한 일,

2023년 2월, 안드레이 카파시는 다시 오픈AI에 합류함.

PART 1. 인류의 미래를 바꾸는 인공지능

나머지 하나는
비영리 AI 연구기관이었던 오픈AI가
2019년 영리 법인으로 전환한 사건이다.

오픈AI 측은 머스크의 사퇴와 지분 전량 매각에 대해
머스크의 미래 잠재적인 이해충돌을 막기 위한
일이라고 설명했는데,

카파시 이직과 영리법인으로의 전환,
두 가지 사건이 겹치며 머스크가 사퇴한 것으로 보인다.

그 후 오픈AI에는 MS의
자금이 들어와 2019년부터 10억 달러가 투자되었고,

오픈AI는 여러 인공지능
서비스를 개발해 선보였다.

첫 번째, 챗GPT

(GPT는 Generative Pre-trained Transformer의 약자다)

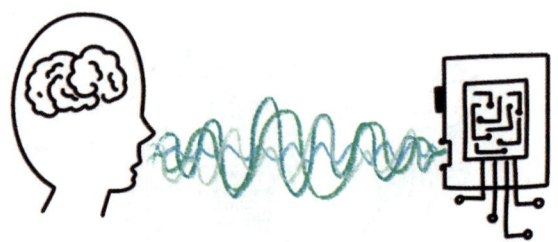

자연어 처리 기술(Natural Language Processing, NLP)을 바탕으로 한 대화형 인공지능 모델이다.

텍스트 생성, 번역, 질문과 답변, 챗봇 등에 활용되고 있어요.

두 번째, Dall·E(달리)

이미지 생성 AI로, 텍스트 입력에 따라 새로운 이미지를 생성할 수 있다.

예를 들어 '파스타를 입은 고양이'와 같은 입력에 대해 해당 이미지를 생성할 수 있다.

2021년 1월 처음 공개되었고 많은 사람이 놀랐다.

Dall·E는 회원가입을 하면 무료로 이용할 수 있는 서비스다.

마침 이 책의 표지를 한번 그려 보게 했다.

〈대략 이런 상황〉

명령어를 입력하자 세 가지 시안을 보여 주었다.

2번 시안

이건, 비트코인 교주 같은 느낌인데?

3번 시안

달리와 비슷한 서비스인 미드저니(Midjourney)에서 그림

내 스타일!

호오, 여기까지 왔다니….

세 번째, CLIP

이미지와 텍스트를 한꺼번에 처리하는
인공지능 모델이다.

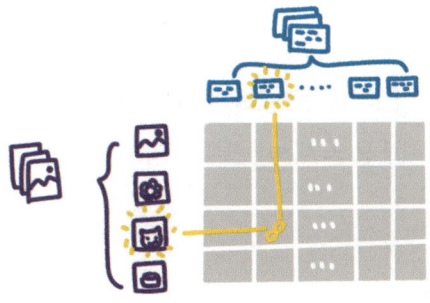

이미지를 입력하면
이를 설명하는 텍스트를
생성한다.

→

텍스트를 입력하면
해당 이미지를
생성한다.

네 번째, Gym

개발자들이 손쉽게 강화학습을 위한 환경을
구축할 수 있게 돕는 서비스다.

"강화… 학습?
짐? 체육관?"

강화학습 알고리즘의 실험이 가능한
다양한 환경과 문제를 제공해 주며
이를 통해 인공지능 모델의 성능을 개선할 수 있다.

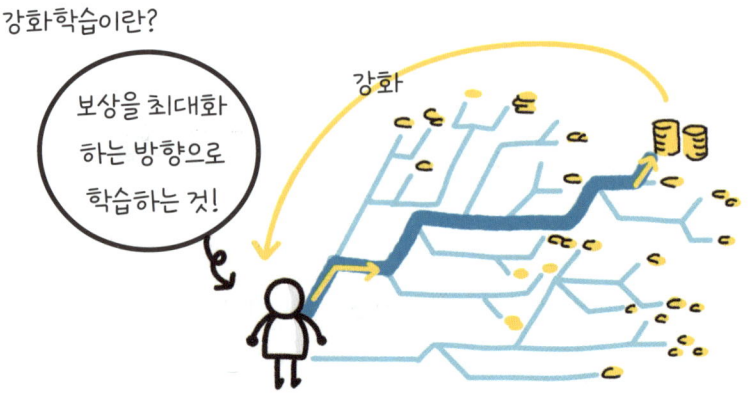

강화학습이란?

보상을 최대화
하는 방향으로
학습하는 것!

강화

게임, 로봇 제어, 자연어 처리 등
다양한 분야에서 사용하고 있다.

다섯 번째, Codex

자연어를 입력하면 프로그램 코드를
자동으로 생성해 주는 서비스다.

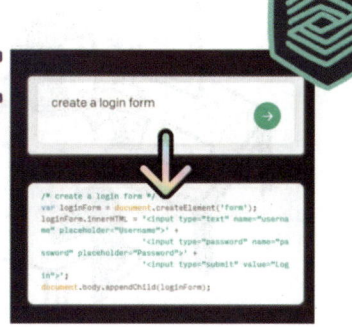

개발자들에겐 꿈과 같은 AI?

이렇듯 오픈AI의 기술은 기존 기술에서 진일보하여
우리의 일상으로 들어오고 있다.

기술이 발전할수록
인간과 컴퓨터 간의 경계는
희미해질 수 있다.

일례로 AI가 쓴 소설이나 그림이
대회에서 입상하는 일이 있었다.

전 세계 초딩 엄마들의 고민.jpg

이에 AI의 예술성에 대한 놀라움과
이를 인정할 것인지에 대한 논란이 일었다.

인간이 AI의 능력을 이용하는 일은 앞으로 계속 증가할 텐데,

오용으로 인한 사회적 문제 또한
많아질 것으로 보인다.

지속적인 연구와 기술 발전으로
한계를 극복하는 것도 중요한 한편,

더욱 안전하고 윤리적인 기술 개발과
저작권 문제 해결 또한 중요하다.

전 세계의 인류가 AI와 함께 더 나은 미래를
만들어 나가게 되기를, 우리의 삶과 사회에
긍정적인 영향을 끼칠 수 있기를 바란다.

+ 덧, 오픈AI에게 포부를 물었다.

 오픈AI야 너의 포부는 뭐니?

 저의 포부는 인공지능 기술을 최대한 발전시켜
인간의 삶을 더욱 풍요롭고 편리하게 만드는 데
기여하는 것입니다. 인공지능 기술을 더욱 발전시켜서
인간의 능력을 높이는 데 도움이 되고, 새로운 분야에서의
혁신을 이루는 데에도 기여할 수 있도록 노력하고 있습니다.
또한 저희는 인공지능 기술의 윤리적인 측면을 고려하며,
안전하고 공정한 사용을 위해 노력하고 있습니다.

==이건 공식적인 답변이고,==
==본심은 이것!==

 인공지능 기술이 더욱 발전하면서, 오픈AI는 우리 사회와 인류의 미래를 지휘하는 역할을 맡게 될 것입니다.

CES 박람회

CES Consumer Electronics Show는 소비자 가전제품과 관련된 최신 기술 및 트렌드를 선보이는 세계 최대 규모의 IT 제품 박람회이다. 1967년부터 시작되어 매년 1월 미국 라스베이거스에서 개최된다. 2023년 1월 5일~8일 개최된 CES 2023에서는 자율주행, 전기차, 웹 3.0, 메타버스, 디지털 헬스 관련 웨어러블 기기 등이 관심을 끌었다. 우리나라 기업으로는 삼성전자, LG전자, SK 그룹 등이 참여했다.

MWC 박람회

MWC Mobile World Congress는 전 세계 모바일 산업의 리더들이 모여 새로운 기술, 제품 및 서비스를 선보이는 전 세계 최대의 모바일 전시회. 매년 2월 스페인 바로셀로나에서 개최된다. CES, IFA Internationale Funkausstellung Berlin(매년 독일 베를린에서 개최되는 전자제품 전시회)와 함께 세계 3대 IT 전시회로 꼽힌다. MWC 2023에는 삼성전자, LG유플러스, SK텔레콤 등 국내외 유명 기업들이 참가하여 최신 기술과 제품을 선보였다.

사물인터넷

사물인터넷 Internet of Things, IoT은 인터넷에 연결된 사물들의 네트워크다. 사물인터넷을 통해 사물들은 서로 데이터를 주고받고, 원격으로 제어하며, 자동화된 작업을 수행할 수 있다. 예를 들어, 스마트폰으로 스마트홈(네트워크로 통제하는 집 단위의 통신 환경)이 구축된 집의 조명·온도를 조절하거나, 센서로 식물의 생장 상태나 공기질을 측정하고, 비가 예보된 날 우산을 챙겨 가라는 신호를 보낼 수 있다.

AI 반도체

AI 반도체는 인공지능 연산을 수행하는 데 특화된 반도체다. 일반적인 컴퓨터와 달리, AI 반도체는 인공지능 알고리즘의 연산을 더욱 빠르고 효율적으로 수행할 수 있도록 설계되었다. AI 반도체는 대부분 병렬 처리를 지원한다. 덕분에 많은 양의 데이터를 동시에 처리할 수 있으며 인공지능 모델의 성능을 크게 향상시킬 수 있다.

현재 AI 반도체는 인공지능 분야에서 빠르게 발전하고 있으며 향후 인공지능 모델의 성능과 효율성 향상에 큰 역할을 할 것으로 예상된다.

AI를 개발하는 주요 회사들

-구글: 구글은 AI 분야에서 세계적인 지위를 차지하고 있다. 구글 AI는 머신러닝, 자연어 처리, 컴퓨터 비전, 로봇 공학 등 다양한 분야에서 연구와 개발을 진행한다. 구글 어시스턴트, 구글 번역 등의 AI 서비스를 제공하고 있다. 구글의 모회사인 알파벳이 만든 알파고와 알파폴드 AlphaFold 등으로 AI 선두 기업으로 자리했으나 최근 오픈AI가 내놓은 챗GPT로 위기감을 느끼고 있다.

-마이크로소프트: MS는 AI를 활용하여 인공지능 적용 기술 및 서비스를 개발하는 데 큰 노력을 기울이고 있다. 챗봇과 음성 인식 기능을 갖춘 대화형 애플리케이션을 만들 수 있는 환경을 제공하고 있고, 머신러닝 플랫폼에서는 데이터 전처리부터 모델 학습 및 배포까지 지원한다. 또한 오픈AI 투자를 바탕으로 오픈AI의 서비스와 연계한 서비스를 제공하고 있다. MS가 만든 브라우저인 빙Bing에서 챗GPT 검색을 지원하는 식이다.

-IBM: IBM은 인공지능 분야에서 광범위한 연구와 개발을 수행하고 있다. IBM 왓

슨Watson은 대화형 AI, 인공지능 기반 분석, IoT 등의 분야에서 높은 기술력을 보이고 있다. 2011년 IBM의 인공지능이 미국 퀴즈쇼에서 우승하며 큰 화제가 되었으나, 그 후 제대로 된 성과를 보이지 못하며 차츰 사람들로부터 잊히고 있다.
-아마존: 아마존은 인공지능 분야에서 매우 강력한 인프라와 도구를 보유하고 있으며, 고객의 행동과 선호도를 분석해서 개인화된 추천을 제공하는 서비스를 제공한다. 아마존에서 제작한 인공지능 비서 알렉사Alexa가 탑재된 AI 스피커 아마존 에코Amazon Echo는 전 세계 AI 스피커 시장에서 1위를 차지하고 있고, 특히 미국 점유율은 70%로 압도적이다.
-엔비디아: 엔비디아는 GPU를 이용한 머신러닝 및 딥러닝 연구와 개발에 많은 힘을 쏟고 있다. 특히 GPU를 이용한 머신러닝 프레임워크인 CUDA를 개발하였으며, 이를 이용해 다양한 AI 솔루션을 제공하고 있다.

오픈소스

오픈소스 소프트웨어Open Source Software, OSS를 뜻하는 용어다. 오픈소스 소프트웨어는 공개적으로 액세스할 수 있게 설계되어 누구나 자유롭게 확인·수정·배포할 수 있는 코드를 말한다.

4화

챗GPT의 실체와 미래

2022년 11월 챗GPT가
세상에 공개되었다.

IT 에서 무한 활용 가능한 절대짱.jpg

오픈AI가 만든
대화형 인공지능 모델이다.

<챗GPT에 대한 구글 트렌드 변화>

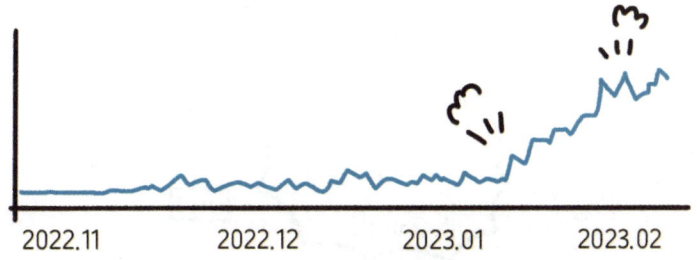

반응은 뜨거웠고, 두 달 만에
월간 활성 사용자 수(MAU) 1억 명을 돌파했다.

챗GPT가 인기를 끄는 이유가 무엇일까?

그리고 챗GPT는 무엇을 할 수 있을까?

챗GPT는 오픈AI에서 개발한
대규모 자연어 처리 언어 모델이다.

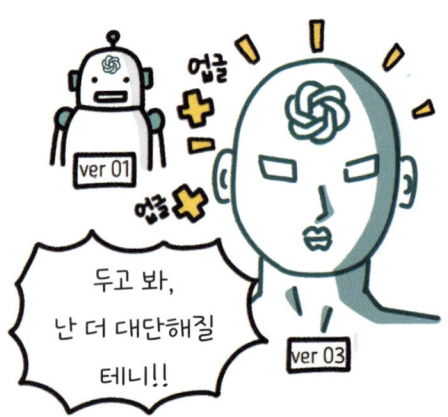

챗GPT 모델은 1부터
현재 4까지 출시되었다.

2018년에 발표된 GPT-1

첫 번째 버전으로, 1억 1,700만 개의
파라미터로 구성되어 있다.

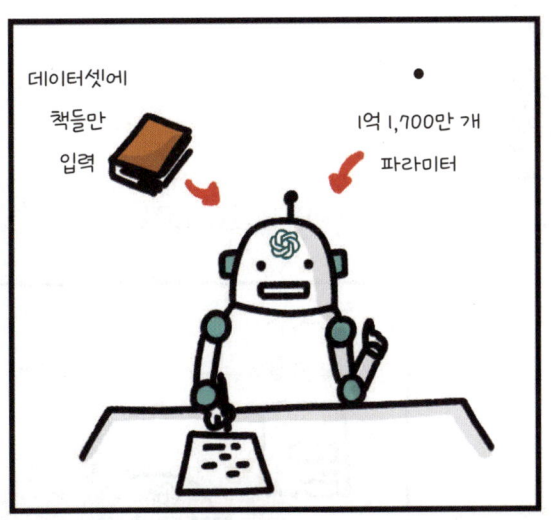

문장을 생성하고, 질의응답을 하고,
번역을 하는 등 다양한 자연어 처리 작업을 수행했다.

사람의 뇌는 1조 개의 뉴런과 100조 개의 시냅스로 구성되어 있는데,

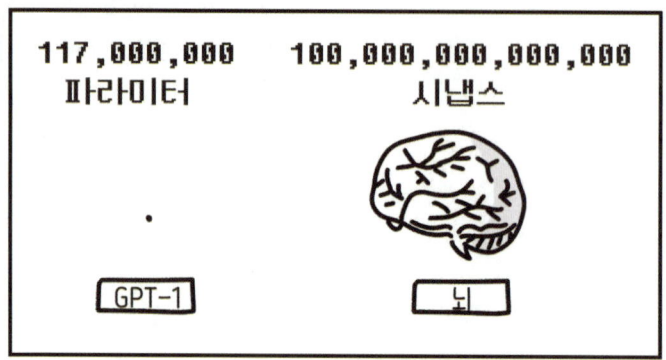

챗GPT와 비교하자면 시냅스가 곧 파라미터다.

2019년에 발표된 GPT-2

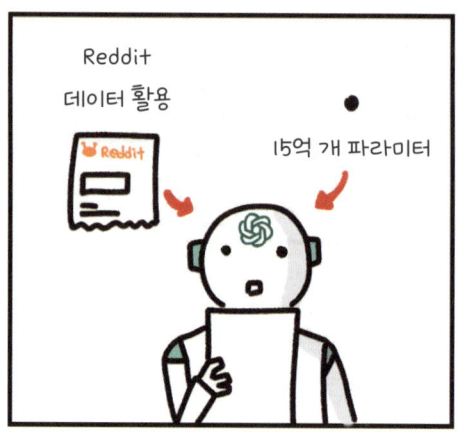

두 번째 버전이며 15억 개의 파라미터로 구성되었다.
GPT-1보다 훨씬 높은 성능을 보여 주었다.

2020년에 발표된 GPT-3

세 번째 버전이며 1,750억 개의 파라미터로 구성되어 있다.

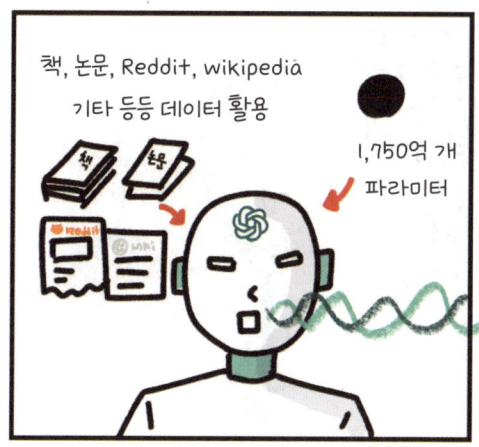

GPT-2보다 훨씬 높은 성능을 보였고,
특히 대화 생성 기능이 우수하여
자연스러운 대화가 가능했다.

2023년에 발표된 GPT-4

GPT-4의 구체적 스펙은 공개되지 않았다.

챗GPT는 2022년 11월 발표 때 GPT-3.5를 적용했고, 2023년 3월 GPT-4가 발표된 후에는 바로 업그레이드되었다.

챗GPT는 자연어 처리 능력이 뛰어나 우리가 일상 대화를 하듯이 질문해도 그에 대한 답을 한다.

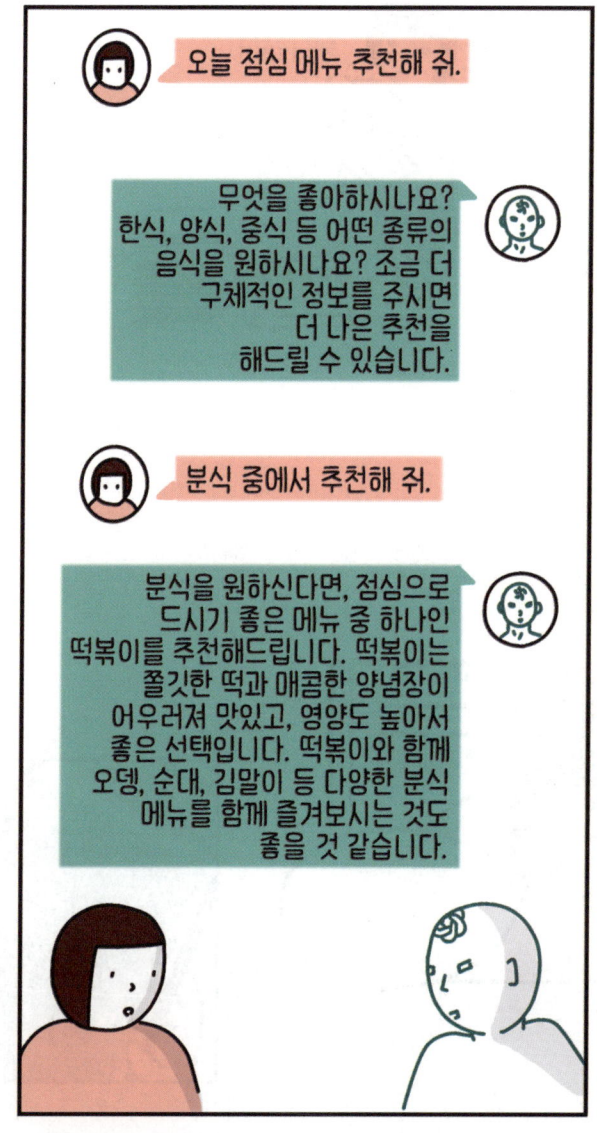

INTP이랑 대화하는 느낌이네…

한 주제에 대한 글의 목차를 작성해 달라고 하거나
긴 글을 주고 요약문을 작성해 달라고 할 수도 있다.

정보를 찾거나 번역해 주기도 한다.

벌써 많은 대학생이 챗GPT로
보고서를 작성하고 있다고 한다.

검색된 답변을 조금만 수정하면,
인공지능이 작성한 글인지 사람이 쓴 건지
알아내기 어렵다.

챗GPT는 전문직 일자리를 위협하기도 한다.

최근 챗GPT는 의사 면허 시험을 통과했고,
와튼 경영대학 MBA도 통과했다.

변호사 시험도 통과했으며 작가로서 능력도
이미 상당한 것으로 평가받는다.

챗GPT는 우리가 변호사, 세무사와
상담해야 할 내용을 챗GPT를 활용해
해결하는 미래를 보여 준다.

심지어 출판 기획자가 질문하고
챗GPT가 답변한 내용을
엮은 책이 출간되기도 했다.

인간의 일자리가 완전히 사라지는
극단적인 일은 벌어지지 않겠지만

챗GPT가 상당 부분을
대체할 가능성이 높다.

챗GPT 등장에 깜짝 놀란 구글은 서둘러
그동안 개발해 오던 인공지능 서비스 바드(Bard)를
발표하는 자리를 마련했으나

시연 현장에서 엉뚱한 답을 내놓아
사람들을 실망하게 했다.

시연회에서 "아홉 살 어린이에게 제임스 웹 우주 망원경(JWST)의 새로운 발견에 대해 어떻게 설명해 줄 수 있을까?"라는 질문에 바드는 "태양계 밖의 행성을 처음 찍는 데 사용됐다"고 답했는데 이는 명백한 오답이에요. 태양계 밖 행성을 처음 촬영한 것은 제임스 웹 우주 망원경이 아닌 2004년 유럽남방 천문대의 망원경(VLT)이거든요.

결국 구글의 기업가치는 하루 만에 13%인
1,500억 달러(우리 돈 180조 원)가 하락하기도 했다.

챗GPT 출시 이후 뜨거운 반응에 힘입어
지금까지 10억 달러를 투자했던 MS는

10배나 되는 100억 달러를
투자하겠다고 밝혔다.

GPT-4 개발*과 더불어,

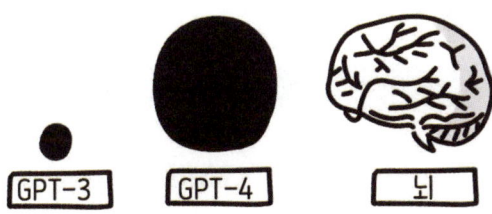

챗GPT를 MS 서치 엔진 빙(Bing)에 탑재했다.

* MS 측에서 파라미터를 100조 개까지 늘릴 거라 했으나 비공개여서 정확한 것은 알 수 없다.

빙은 글로벌 검색 시장에서 2위이지만,

〈검색엔진 점유율, 2022년 기준〉

1위인 구글과의 격차는 하늘과 땅 차이다.

그러나 아직 챗GPT의 한계는 분명하다.

최신 정보가 없어 2022년 한국의 대통령이
누구인지 답하지 못하며,

이상하리만치 수학 계산을 잘 못하고,

때로 거짓 정보를 말하기도 하고, 자신의 발언을 번복한다.
한국어 답변은 영어보다
훨씬 정보가 부족하고 답변 속도도 느리다.

우리가 챗GPT가 알려 주는 정보에만
의지해서는 안 되는 이유다.

그럼에도 챗GPT는 놀라운 가능성을 보여 주고 있다.
앞으로 챗봇이나 AI 비서를 비롯해 다양하게
활용될 수 있을 것으로 보인다.

우리는 점점 우리가 해야 할 일의 상당 부분을
챗GPT 또는 그와 유사한 AI에 넘길 것이다.

따라서 AI를 잘 이용하는 사람과
그렇지 않은 사람 간에는 상당한 격차가 벌어질 것이다.

결국 AI를 똑똑하게 이용하고
AI에 뒤처지지 않으려면,

인간은 '더욱 좋은 질문'을 던지고
'풍부한 감성'을 개발해야 하지 않을까?

챗GPT가 미칠 영향

챗GPT는 다양한 산업과 비즈니스 모델에 적용되어 혁신적인 변화를 가져올 전망이다. 예를 들어, 제약산업에서는 챗GPT가 대량의 데이터를 처리하고 분석하여 신약 개발 기간을 단축하는 데 도움을 줄 수 있다. 영업 분야에서는 챗GPT가 제품 추천을 개인화하고 고객의 질문에 답변하여 구매 전환율을 높일 수 있다. 또한 챗GPT는 가상 어시스턴트나 채팅 기반 서비스와 같은 비즈니스 모델에도 활용될 수 있다.

이렇듯 AI 관련 산업뿐 아니라 디지털 산업 전반에 영향을 미칠 가능성이 있으며, 초거대 AI 언어모델의 발전과 확산에 기여할 것으로 보인다. 그러나 챗GPT는 인공지능 윤리와 규제와 관련된 이슈들도 야기할 수 있으므로 주의가 필요하다.

네이버의 초거대 AI

챗GPT 이후 국내 기업에서도 발빠르게 챗GPT를 도입해 서비스를 내놓고 있다. 마이리얼트립은 AI 여행플래너 서비스, 굿닥은 건강 AI 챗봇 서비스, 파미노젠은 신약개발을 지원하는 AI 플랫폼을 제공하고 있다.

한편 네이버는 챗GPT에 대항하기 위해 한국어에 특화된 초대규모 AI인 '하이퍼클로바X'를 2023년 7월 공개하기로 했다. 네이버는 하이퍼클로바X가 챗GPT 대비 한국어를 6,500배 더 많이 학습했으며, 적은 양의 데이터로도 생산성을 높여 주는 '나만의 초대규모 AI 프로덕트'를 만들 수 있다고 강점을 설명했다.

인공지능의 발달과 인간의 역할

컴퓨터는 처음에는 '계산하는 사람'을 가리키는 말이었다. 예전에는 복잡한 계산을 전부 사람이 해야 했기에 계산하는 직원이 따로 있을 정도였다. 예를 들어, 1940년대 미국에서 원자폭탄을 개발할 때 수많은 수학 계산을 해야 했는데 여성들이 그 일을 맡아서 했다. 그 후 계산하는 기계가 탄생했고, 컴퓨터라는 이름은 더 이상 사람이 아니라 똑똑한 기계를 가리키는 말이 되었다. 이제 우리는 복잡한 계산을 손으로 하지 않는다. 컴퓨터를 이용하면 쉽고 빠르고 정확하기 때문이다. 컴퓨터의 발전은 일반적인 상상을 뛰어넘는 속도로 계속되고 있다.

챗GPT가 우리에게 제공할 서비스는 다양하다. 앞으로 여러 분야의 질문에 대해 어쩌면 인간보다 더 빠르고, 정확하게 답변할지도 모른다. 과거 컴퓨터가 인간의 계산을 대신한 것처럼 챗GPT를 비롯한 AI는 여러 일을 대신할 수 있을 것이다. 인간이 할 일이 없어질 거라는 우려도 그만큼 크다.

그렇다고 무조건 챗GPT 사용을 금지하는 것이 해결책이 될 수는 없다. 자연스러운 발전의 흐름에 따라 인간의 역할은 달라질 수밖에 없다. 따라서 앞으로 교육, 비즈니스 등 많은 분야에서 '인간만이 할 수 있는 역할'을 찾아내고 변해야 한다. 그것이 급변하는 디지털 세상에서 살아남을 수 있는 방식일 것이다.

PART 2.
디지털 혁명이 만든 일상

5화

누구
웹 3.0 본 사람?

2021년 12월, 일론 머스크가 올린 트윗이다.

일론 머스크
누구 웹 3.0 본 사람?
나는 못 봤는데.

그러자 트위터 창립자인 잭 도시가 이렇게 받았다.

잭 도시
A에서 Z 사이 어딘가에 있겠지.

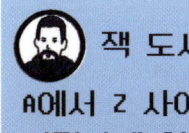

둘 다 엄청나게 깐족거리네!

백만장자들의 드립이란 저런 것인가…

웹 3.0이 유행하자 이를 의식하고 한 발언들이다.

웹 2.0 시대를 주도했던 기업,
구글도 웹 3.0에 주목하고 있다.

2022년 5월에는 구글 클라우드 산하에
웹 3.0 개발자용 백엔드 서비스(BaaS)를
제공하는 팀을 신설했다.

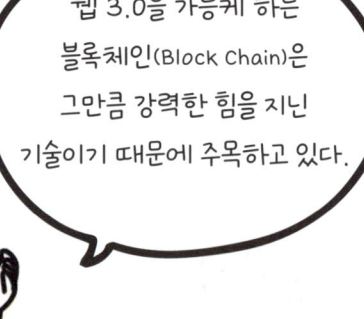

웹 3.0을 가능케 하는 블록체인(Block Chain)은 그만큼 강력한 힘을 지닌 기술이기 때문에 주목하고 있다.

순다르 피차이 구글 CEO

자기들이 계속 1등 하고 싶다는 거지!

그렇다면 웹 3.0은 무엇인가?

'웹 3.0이 온다'는 말은 웹 1.0, 웹 2.0이 있다는 것과 같다.

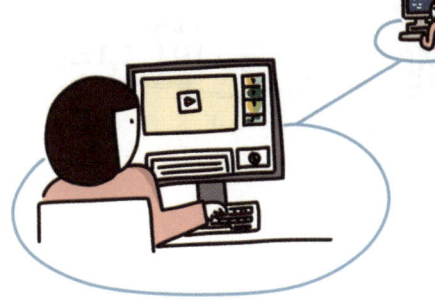

즉, 현재 2023년은 웹 2.0 시대를 지나고 있다는 이야기다.

1990년대, 인터넷이 시작된 웹 1.0 시대의 이용자는 단순히 읽기만 하는 일이 많았다.

웹에 글을 쓰기 위해서는 도메인 주소를 구입하고, 사이트를 만들고, 서버를 구축해야 했기 때문이다.

글은 쓰지도 않았는데 벌써 지친 기분.jpg

그래도 이 모든 역경을 물리치고
인터넷에 글을 올리는 용자들이 있었고,

사람들은 그 용자들이
작성한 정보를 찾고자 했다.

정보를 찾는 건 어떻게 했냐고?

이용자들은 야후, 구글, 다음, 네이버와 같은
검색 사이트에서 원하는 정보를 찾았고 그것들을 소위 '읽었다'.

이후 2000년대 들어 사이트를
만드는 수고를 전부 대신해 주는
서비스들이 등장하기 시작했다.

바로 네이버 블로그, 다음의 카페와 같은 서비스다.

이를 통해 이용자는
별도의 시간과 비용을 들이지 않고도
블로그 등의 사이트를 만들어
손쉽게 글을 올릴 수 있었다.

유튜브에 가입하면 누구나 자신이 찍은 동영상을 쉽게 올리고 사람들과 공유할 수 있다.

페이스북에는 자신의 일상을 쉽게 올리고, 빠르게 공유할 수 있다.

웹 2.0 시대에는 정보를 읽고 쓸 수 있게 된 것이다.
단순히 '읽기만' 하기보다 '쓰기도 하는' 사람들이 생겨났다.

그렇게 창작자가 많아지며
콘텐츠 양이 엄청나게 증가하고,

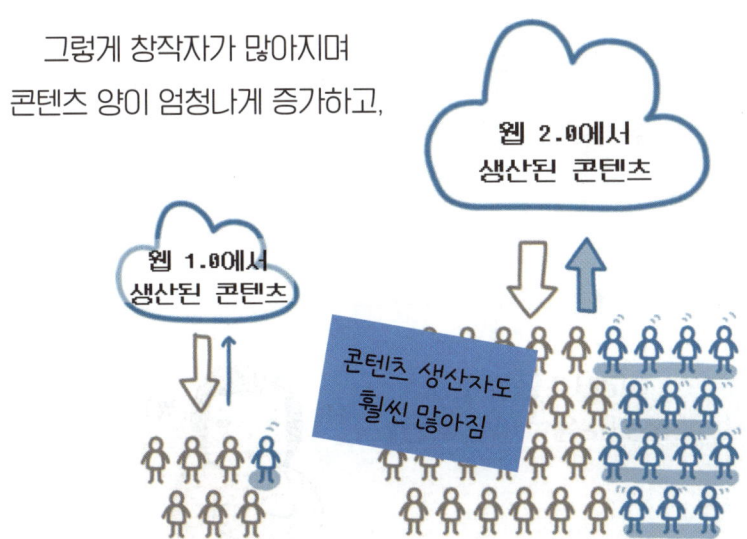

사람들은 다양한 콘텐츠를 소비하며
더 많은 시간을 온라인에서 보내게 되었다.

여기서 모든 정보는 플랫폼 안에 쌓이기 때문에
플랫폼은 모든 것을 통제할 수 있었다.

수익 대부분은 (당연히?) 플랫폼 기업 차지였는데,
유튜브의 2022년 한 해 매출은 292.4억 달러였다!

이래서 플랫포옴~
플랫포옴~ 하는구만?

급 언짢아진 30대 이 모 씨

여기서부터 이제 웹 3.0의
개념이 떠오르기 시작한다.

웹 3.0에서는 이용자가 읽기와 쓰기뿐만 아니라
콘텐츠를 소유하는 것까지 가능해진다.

 →  →

웹 1.0　　　　　　웹 2.0　　　　　　웹 3.0
읽기 가능　　　　읽고 쓰기 가능　　읽고 쓰고
　　　　　　　　　　　　　　　　　소유하기 가능

콘텐츠를 소유한다는 게
무슨 말이지? 저작권
이런 거랑 비슷한 건가?

(고　　민)

그동안 온라인은 정보가 단순히 모이는 곳이었다.

하지만 이제는 정보들이 콘텐츠화되어
쓸모 있는 데이터로 변했으며,
그 자체가 '돈'의 역할을 하고 있다.

대표적 사례가 암호화폐다.
암호화폐의 데이터는
바로 '돈'처럼 작동한다.

암호화폐에 이어 등장한
NFT(Non-Fungible Token) 역시 데이터만으로
'가치'를 지닌 자산이 된다.

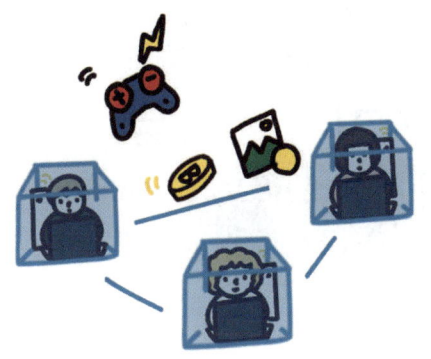

이용자는 온라인에서
P2E(Play to Earn) 게임을 하며
돈을 벌고,

디파이(De-Fi)를 이용해
암호화폐를 빌려주고 이자를 받거나,
담보를 맡기고 암호화폐를 빌리는 파이낸스 활동을 한다.

웹 3.0에서는 정보의 주인이
플랫폼이 아니라 이용자이기에,

그동안 기업이 독점했던 수익을
웹 이용자들과 나눌 수 있게 되었다.

"인스타그램에 일상 사진을 올린
나한테 메타*가 번 돈을
나눠 준다는 얘기인 거?"

* 인스타그램을 인수한 페이스북이 메타로 사명을 변경했다.

웹 2.0에서 기업이 시스템을 구축하고 사람들을 모여 놀게 했다면,
웹 3.0에서는 이용자와 창작자가 시스템을
'공동 소유'하고 수익을 나누게 된 것이다.

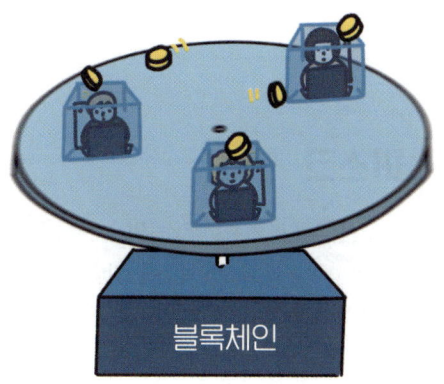

그리고 이것을 가능케 하는 것이
바로 블록체인 기술이다.

블록체인 기술에 대해서는 앞으로 차차 알아보고, 6화에서 웹 3.0에 대해 조금 더 이야기해 볼게요.

더 알아보기

잭 도시와 일론 머스크

잭 도시Jack Dorsey가 트위터에 올린 "A에서 Z 사이"라는 말은 벤처 캐피털VC 회사인 앤드리슨호로비츠Andreessen Horowitz(A에서 시작해 Z로 끝남)를 의미하고, 웹 3.0도 결국 VC나 특정 기업에 중앙화될 게 뻔해 웹 1.0, 2.0의 한계를 극복할 수 없을 거라는 걸 비꼬는 의미에서 한 말이다.

한목소리로 웹 3.0을 비판했던 잭 도시와 일론 머스크Elon Musk는 이후 다른 길을 걸었다. 2021년 11월 트위터Twitter CEO를 사임한 잭 도시는 블록체인 사업에 집중하기로 하고 블록(스퀘어에서 사명 변경) CEO로 남았다.

반면 일론 머스크는 2021년 1월부터 2월까지 약 2조 원 상당의 비트코인Bitcoin을 매수했다가 2022년 7월에 75%를 매각했다. 그리고 잭 도시가 떠난 트위터를 2022년 4월 인수하겠다고 밝히고 7월 인수 계약 파기를 선언했다가, 다시 10월 인수를 했다. 그리고 11월 트위터 정직원 3,700명, 계약직 직원 4,400명을 해고하며 이슈가 되었다.

구글 CEO의 역사

잭 도시, 일론 머스크와 달리 이름이 귀에 익지 않은 구글 CEO 순다르 피차이Sundar Pichai는 인도계 미국인으로, 2002년 펜실베이니아대학교 와튼스쿨에서 경영학 석사MBA를 취득하고 맥킨지앤드컴퍼니McKinsey & Company에서 컨설팅 일을 했다.

2004년 구글에 들어갔고, 2008년 웹브라우저인 구글 크롬Google Chrome이 나오는 데 결정적인 역할을 하며 주목받았다. 2015년 10월, 구글이 알파벳이라는 지주회사를 설립하여 기존 대표이사였던 에릭 슈미트Eric Schmidt가 알파벳 회장으로 옮겨 가면서, 순다르 피차이가 구글의 최고경영자로 선임되었다. 그보다 앞서 2014년에는 MS 최고 경영직 자리를 제안받았으나 거절했다.

웹 1.0, 2.0, 3.0 비교

구분	웹 1.0	웹 2.0	웹 3.0
특징	읽기만 가능	읽기·쓰기 가능	읽기·쓰기·소유 가능
네트워크	개별 회사·개인	거대 플랫폼, 클라우드	탈중앙화 네트워크
인프라	개인 PC	플랫폼	블록체인
주요 사례	야후, 구글	유튜브, 메타, 인스타그램	NFT, 디파이, X2E
거버넌스	웹페이지 보유자	플랫폼 기업	탈중앙화 조직

X2E

P2E는 게임을 하면서 경제적 가치를 얻을 수 있는 게임 모델을 말한다. 일반적인 게임은 플레이어가 게임을 하기 위해 돈을 내는 반면, P2E는 돈을 벌면서 게임을 하는 개념이다. 게임에 참여한 플레이어가 많아야 기업이 성장할 수 있으므로, 게임의 성장에 기여하는 플레이어에게 수익 일부를 환원하는 시스템이라 할 수 있다.

게임뿐만 아니라 걷거나 달리고[Move to Earn, M2E], 글을 쓰는 등[Create to Earn, C2E] 어떤 활동이나 경험을 통해 암호화폐를 얻는 것을 포괄하여 X2E[anything to Earn]라고 부른다.

거버넌스

거버넌스^{governance}는 공동체를 이루는 구성원들이 의사결정에 참여하여 중요한 사항을 집단으로 결정하는 체계를 말한다. 기존 기업들이나 정부 조직의 거버넌스는 수직적인 위계 구조에 따라 이루어졌으나, 탈중앙화된 자율형 조직인 '다오'의 등장 등으로 알 수 있듯, 블록체인 기술과 함께 수평적이고 자율적인 거버넌스 구조가 확산되고 있다.

메타

메타$^{Meta\ Platforms,\ Inc.}$는 2004년 설립된 미국의 IT 기업으로, 최초 이름은 페이스북이다. 마크 저커버그$^{Mark\ Zuckerberg}$, 앤드루 매콜럼$^{Andrew\ McCollum}$, 크리스 휴스$^{Chris\ Hughes}$, 에드와도 새버린$^{Eduardo\ Saverin}$, 더스틴 모스코비츠$^{Dustin\ Moskovitz}$가 같이 창업하였고, 현재 CEO는 마크 저커버그다. 전 세계에서 가장 큰 SNS인 페이스북과 인스타그램을 운영하고 있으며, 2021년 사명을 메타로 변경하였다.

6화

평범한 일상이
돈이 되는 세상

컴퓨터 프로그래밍 서적을 많이 내는 미국 출판사
오라일리 미디어의 대표 팀 오라일리는

웹 2.0을 '플랫폼으로서의 웹'이라 정의했다.

목판 세밀화 표지로 프로그래밍
책을 내는 오라일리 미디어

잠깐,
나 왜 이 표지
익숙한 거지?

흠흠

컴공 전공자, 개발자 아님

정답: 같이 사는 사람이 오라일리 책
책장에 모셔만 두고 있어서

웹 2.0에서는 플랫폼으로 사용자들이
모여들어 네트워크 효과를 만들었다.

마침 시작된 모바일 혁명은
플랫폼으로의 집중을 더욱 강화했다.

'앤드리슨 호로비츠'에서 웹 3.0 투자 부문을
맡고 있는 크리스 딕슨은 웹 3.0을 이렇게 정의했다.

토큰… 공동 소유…
혼란하다

여기서 토큰은 비트코인 등의 암호화폐를 말한다.

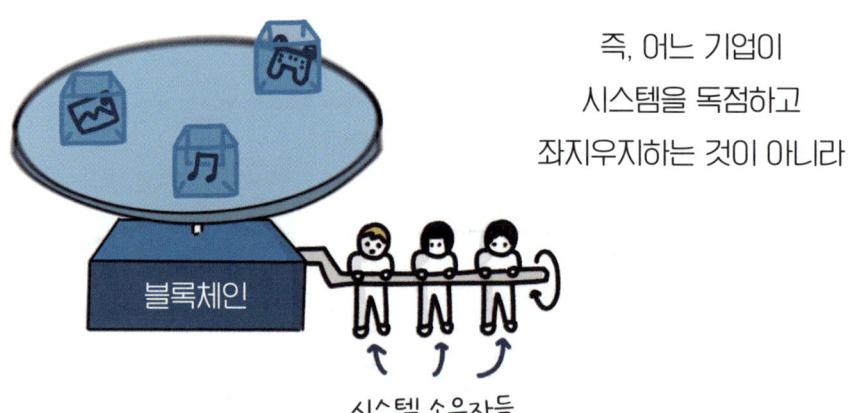

즉, 어느 기업이
시스템을 독점하고
좌지우지하는 것이 아니라

암호화폐를 보유하고 블록체인 네트워크를
유지하는 사람들이 시스템을
'공동 소유'하는 것이다.

예를 들어, 인스타그램이
블록체인 기반으로 만들어졌고,

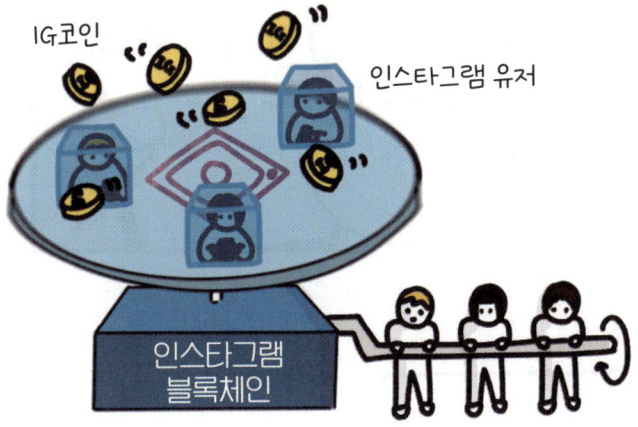

인스타그램 안에서 통용되는 암호화폐로
'IG코인'을 사용하고 있다고 해보자.

그렇게 했을 때 생태계는 다음과 같다.

게시글을 올린 사람은
'IG코인'을 받고,

'좋아요'를 많이 받을수록 더 많은 'IG코인'을 받을 수 있다.

그리고 모인 광고 수익은 'IG코인'을 보유한 사람들에게 분배된다.

인스타그램에 광고를 하려는 사람들은 'IG코인'을 구매해 광고료를 지불한다.

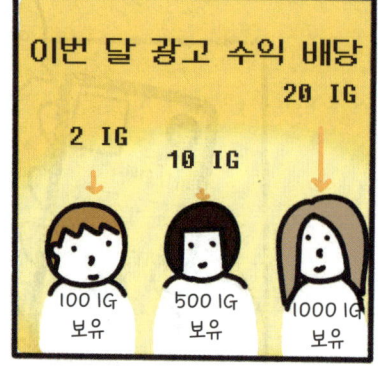

코인의 생산과 소비 과정을 보여 주는
아주 간단한 경제 모델이다.

실제로는 훨씬 다양하고 복잡한 모델이 많은데, 이런 걸 '토큰 이코노미(Token Economy)'라고 합니다.

사실 웹 3.0은 갑작스럽게 떠오른 개념이 아니다.
기존에 개발된 여러 기술을 아우르는 개념이라고 볼 수 있다.

* 소셜 미디어 및 커뮤니티의 프로필용 디지털 이미지

그럼 얘는 누구지?

메타버스

나는 그 유명한 메타버스. 웹 3.0이 인터넷 개발에 초점을 맞춘다면 나는 이용자들이 그것을 어떻게 '경험'할지에 초점을 맞추고 있지.

흠, 다른 웹 3.0 기술들하고는 살짝 결이 다르네.

자, 그럼 앞으로 나올 챕터에서 이 기술들을 하나씩 살펴보겠습니다!

많관부^^

사실 웹 3.0은 인터넷이라는 넓은 분야를
포괄하는 만큼 명확하게 정의하기 어렵다.

일론 머스크와 잭 도시의 지적처럼
　실체가 없다는 비판도 있고,

웹 3.0이 웹 2.0과 기술적으로 조금 다를 뿐
실상 웹 2.0과 다를 바 없다는 주장도 있다.

웹 2.0에서 기업과 기업에 투자한
VC들이 돈을 벌어 갔다면,

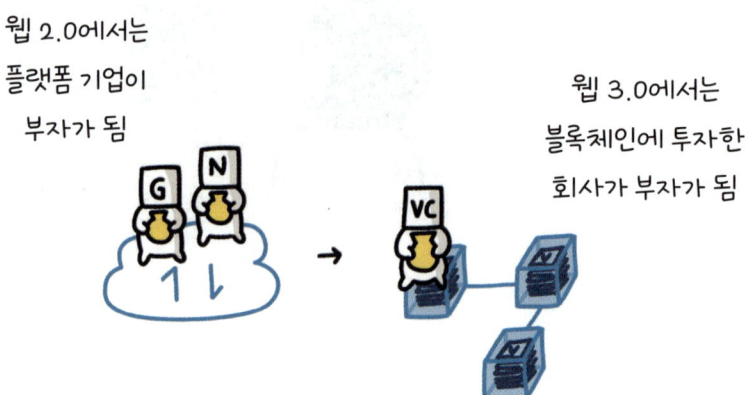

웹 2.0에서는
플랫폼 기업이
부자가 됨

웹 3.0에서는
블록체인에 투자한
회사가 부자가 됨

웹 3.0에서는 블록체인에 투자한
VC들이 돈을 벌어 가기 때문이다.

결론: 나는 부자가 안 됨

탈중앙화를 내세우지만, 결국엔 자본에 잠식당할 수밖에 없는 구조라는 것!

게다가 웹 3.0의 탈중앙화는 장점도 있지만,

웹 2.0처럼 중앙화된 조직이나 대표자가 없기 때문에 주체가 모호해진다는 단점도 있다.

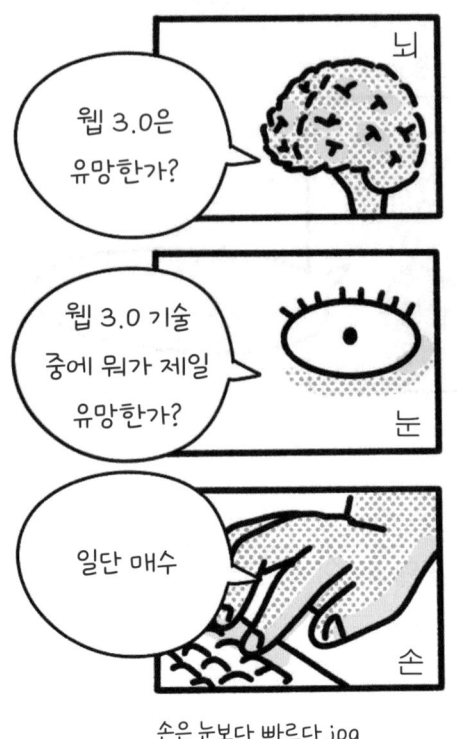

손은 눈보다 빠르다.jpg

그럼에도 기업들은 미래 가능성을 보고,
블록체인, NFT, 메타버스와 같은
웹 3.0 관련 기술에 투자를 늘리며
미래 먹거리를 찾고 있다.

지금의 투자가 닷컴 버블 때와 같은
투기라는 의견도 있다.

내가 버블인가
버블이 나인가.jpg

하지만 닷컴 버블이 끝나고 살아남은 기업들이
일상을 디지털 세상으로 변화시킨 것처럼,

그리고 그의 손에
쥐어진 황금열쇠

오늘의 투자는 세상을
또 다른 모습으로
변화시킬 것이다.

웹 3.0이
바꿀 미래…
상상이 되시나요?

PART 2. 디지털 혁명이 만든 일상

VC

벤처 캐피털 Venture Capital이란 잠재력 있는 스타트업(벤처 기업)에 경영 자문이나 기술 지원을 통해 회사를 성장시켜 높은 자본 이익을 추구하는 금융자본을 말한다. 기술력은 있지만 경영이나 마케팅 역량이 부족한 초창기 스타트업을 대상으로 한다.

앤드리슨 호로비츠

앤드리슨 호로비츠 Andreessen Horowitz는 마크 앤드리슨 Marc Andreessen과 벤 호로비츠 Ben Horowitz가 2009년 공동 설립한 미국의 IT 벤처 투자 전문 회사다. 앤드리슨 호로비츠는 당시 IT 기업에 본격적으로 투자했는데, 그렇게 투자한 기업 목록에 트위터를 비롯하여 페이스북, 인스타그램, 에어비앤비 Airbnb, 스카이프 Skype, 징가 Zynga(미국의 모바일 게임 회사), 깃허브 GitHub(전 세계 최대 규모의 오픈소스 공유 사이트), 리플 Ripple(블록체인 해외송금 플랫폼) 등이 있었다. 해당 기업들은 크게 성장했고, 앤드리슨 호로비츠도 투자에 성공해 손에 꼽히는 VC가 되었다.

디파이

디파이 De-Fi는 탈중앙화 금융 Decentralized Finance의 약자로 정부나 기업 등 중앙기관의 통제 없이 인터넷 연결만 가능하면 블록체인 기술로 다양한 금융 서비스를 제공하는 것을 뜻한다. 주로 암호화폐를 담보로 걸고 일정 금액을 대출받거나, 다른 담보를 제공하고 암호화폐를 대출받는 방식으로 작동한다.

네트워크 효과

네트워크 효과 Network Effect 란, 어떤 제품이나 서비스에 대한 이용자나 참여자의 수가 증가할수록 그 제품이나 서비스의 가치가 상승하는 현상을 뜻한다. 네트워크 효과의 가장 대표적인 예로는 SNS가 있다. 이용자가 많을수록 참여하기 쉬워져 더욱 많은 이용자가 모여들고, 그로 인해 서비스의 가치가 높아진다.

또한 전자상거래 사이트, 모바일 앱, 온라인 게임 등 다양한 분야에 네트워크 효과가 적용될 수 있다. 이러한 네트워크 효과는 해당 제품이나 서비스를 사용하는 사용자 수가 적을 때는 발생하지 않지만, 사용자 수가 증가하면서 발생하기 시작해 점차 서비스의 가치가 증가하게 된다.

토큰 이코노미

토큰 이코노미는 토큰(코인)을 이용한 경제 시스템을 의미한다. 어떠한 행동을 계속 할 수 있도록 이끌기 위해 이용자들에게 토큰(또는 게임 재화)이라는 보상을 주고, 이용자들은 그 토큰을 활용해 자발적으로 경제 생태계를 구축하는 것을 말한다. 기존의 중앙집중형 시스템과 달리 토큰 이코노미는 P2P Peer-to-Peer 네트워크로 작동하며, 블록체인 기술로 암호화폐 거래가 이루어지기 때문에 안전하고 투명한 거래가 가능하다.

7화

웹 3.0을 떠받치는 기술, 블록체인

앞서 이야기했듯 블록체인은 웹 3.0의 기반이 되는 기술이다.

그리고 웹 3.0의 핵심은 내가 콘텐츠를 만들고 소유까지 할 수 있다는 것.

블록체인은 도대체 어떤 기술이기에
디지털 소유권을 증명해 주는 걸까?

자, 그럼!
블록체인에 대해 알아볼까요?

블록체인은 말 그대로
'블록'으로 구성되는데,

블록이 순차적으로
계속 연결되는 거라 보면 된다.

이 블록에는 데이터가 담긴다.
이렇게 이어진 블록들을 모든 참여자가
동일하게 복사해 보관한다.

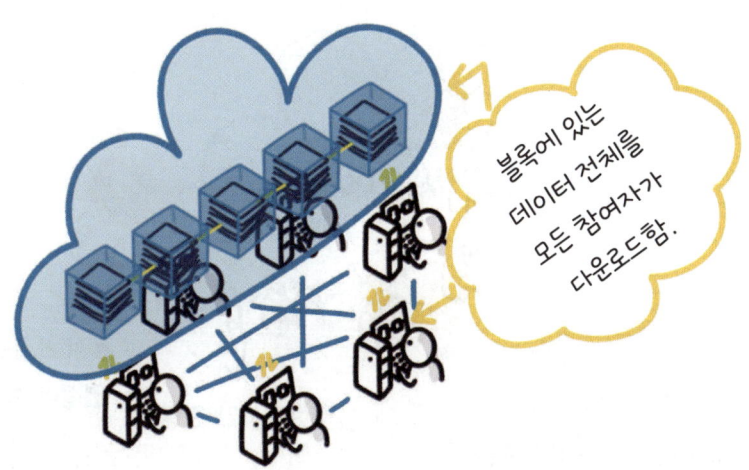

모든 참여자가 똑같은 정보를 가지고 있기 때문에
어느 하나만 수정해도 위변조되었다는 사실을 금세 알 수 있다.

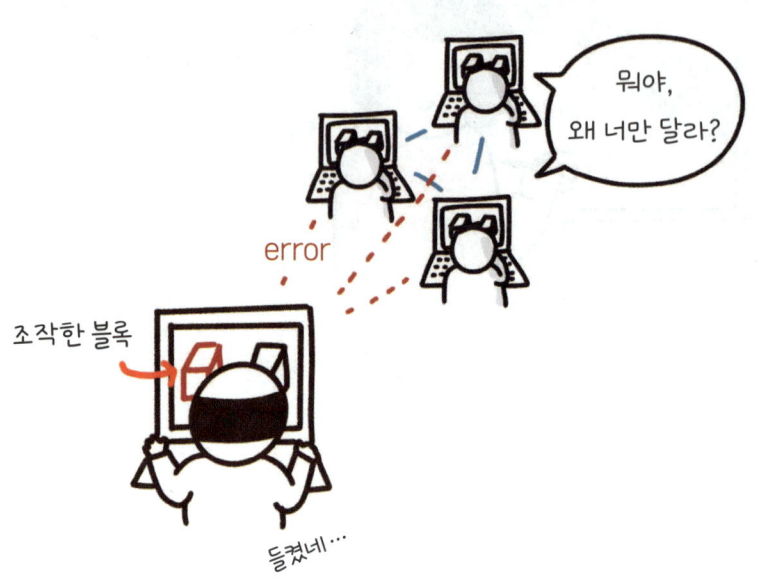

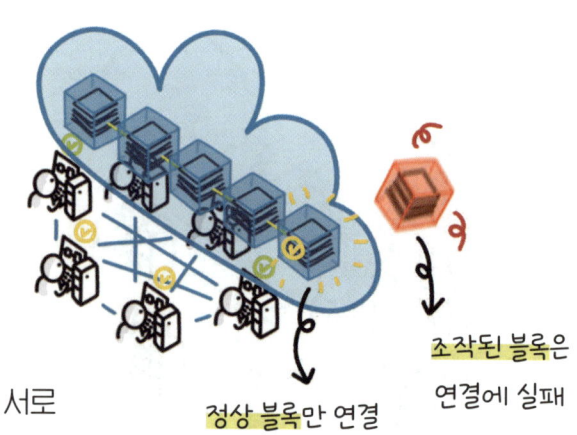

즉, 참여자들이 서로
감시하며 새로운 블록을
연결해가는 방식이다.

PART 2. 디지털 혁명이 만든 일상

그, 그만 좀

"오호! 비트코인 얘기가 나왔으니
비트코인에 대해서 얘기 좀 해볼까요?
최초의 블록체인은 여러분도
잘 알고 있는 비트코인이에요.
사토시 나카모토라는 인물이
2009년 1월 처음으로 발행해 현재까지
단 한 번의 해킹도 없이 운영되고 있죠.
사토시 나카모토가 누군지는 지금도 몰라요."

투머치 쏠

처음에는 사토시 나카모토를 비롯해
암호학 덕후들만 참여했으나,

우리 저거 해볼래?

개발자

콜! 콜!

아나키스트 얼리어답터

점점 많은 사람이 비트코인
네트워크에 참여하기 시작했다.

PART 2. 디지털 혁명이 만든 일상

지금은 어마어마한 규모로 커졌고,

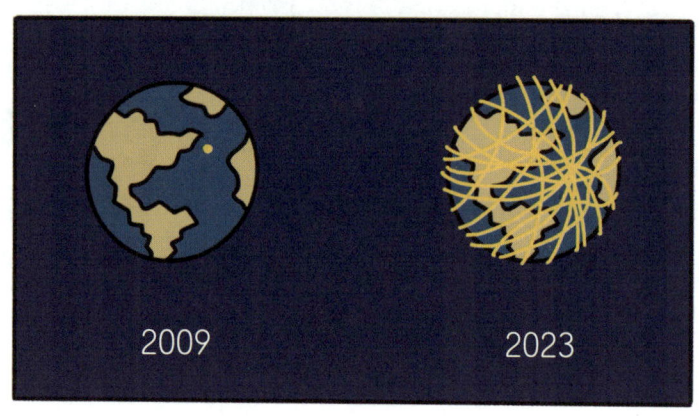

기업들도 뛰어들어 막대한 컴퓨팅 파워와 전기를 쓰며 비트코인 네트워크를 유지하고 있다.

컴퓨터와 전기를 쓰며 비트코인 네트워크를
유지하는 사람에게는 이에 대한 보상으로
블록체인 안에서 발행되는 암호화폐가 지급되기 때문이다.

이 보상이 바로 그 유명한
비트코인!

이것이 채굴이라고
부르는 과정이에요.

채굴=보상

다른 코인들도 마찬가지다.
블록체인마다 보상 시스템이 있는 것이다.
비트코인 네트워크를 유지한 사람에게는 비트코인이,

이더리움 네트워크를 유지하는
사람에게는 이더리움이 지급되는 것.

초기에는 비트코인을 채굴했을 때 보상으로
비트코인 50개가 지급되었다.

하지만 약 4년마다 보상이 절반으로 줄어들었고,
최초 50개→ 25개(2012년)→ 12.5개(2016년)
→ 6.25개(2020년)로 변했다.

비트코인은 시스템상 2,100만 개가 발행되도록 설계되어 있는데
2022년 4월 1일, 1,900만 번째 비트코인이 채굴되었다.

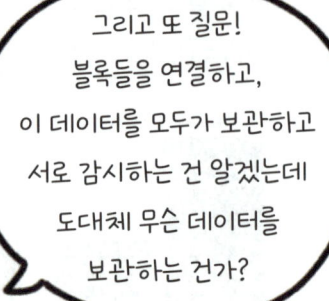

바로 '거래 장부'를 보관하는 것이다.
이 거래 장부는 비트코인이 오고 간
내역을 기록한 것이다.

이전까지의 거래 기록

새로운
거래 내역 기록

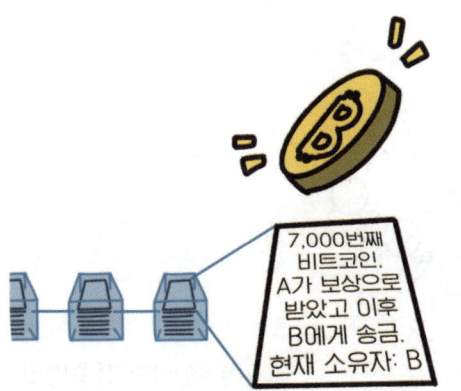

쉽게 말해, 비트코인의
'소유권'이 누구에게
있는지 기록된 것!

"회계에서는 이러한 장부를 '원장'이라 부릅니다. 그래서 '모두가 분산해서 보관하는 원장'이라는 의미로 블록체인을 '분산원장'이라고도 하는 겁니다."

여기서 비트코인의 중요한 의미가 생긴다.
바로, 비트코인은 블록체인을 통해
'소유권'을 증명할 수 있다.

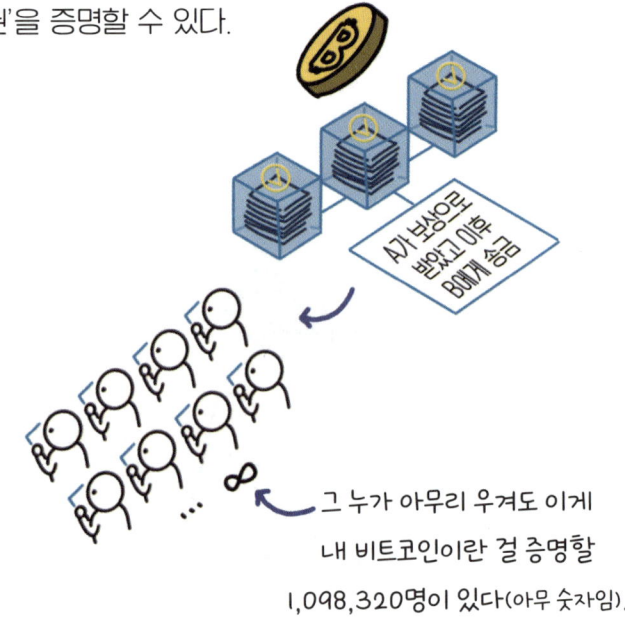

그 누가 아무리 우겨도 이게
내 비트코인이란 걸 증명할
1,098,320명이 있다(아무 숫자임).

"비트코인은 디지털상에서 존재하고, 그런 비트코인의 소유권을 증명하는 것이니 '디지털 소유권'이라고 말해요."

디지털 소유권을 지닌 자산을 온라인상에서
서로 주고받을 수 있게 됨에 따라

비트코인이 화폐 역할을 할 수 있게 된 것이다.

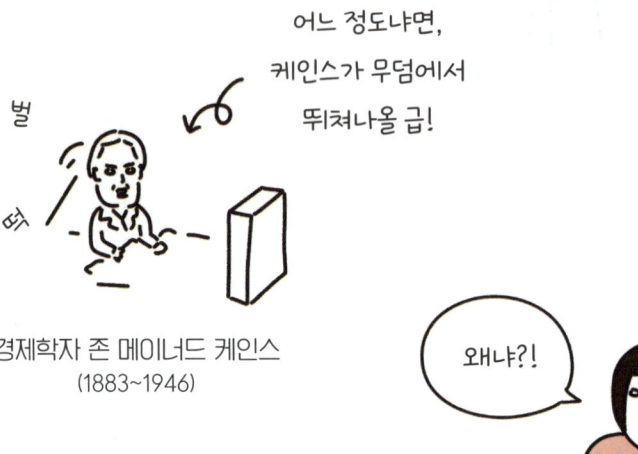

 중앙은행이 아닌 곳에서 발행된 화폐를

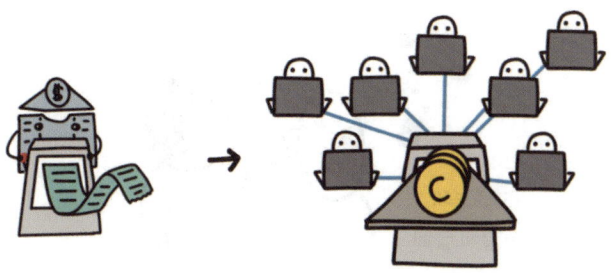

개인 간 온라인으로 거래할 수 있는 시스템이 등장한 것이기 때문이다.

화폐의 역사로 들어가면, 국가와 중앙은행이 발행하기 전에 이미 여러 개인이 발행한 증서들이 화폐처럼 거래되긴 했어요. 하지만 본 주제에서 벗어나니 깊게 들어가지는 않겠습니다.

이 주제만 가지고도 책 수십 권 가능각

비트코인은 기존에 있던
국가 화폐와 무관하다 보니

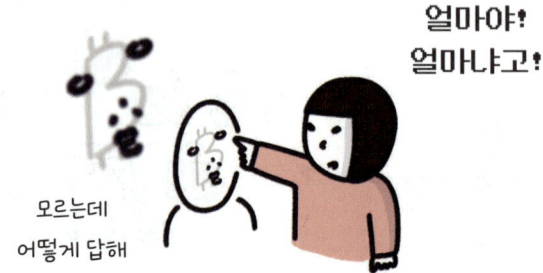

비트코인의 가치가
얼마인지도 알 수 없다.

그러니 초기에 비트코인은 아무 쓸모가 없었다.

비트코인이 화폐로서 처음 사용된 건,
라스즐로 핸예츠라는 사람이 비트코인으로 피자를 사 먹었을 때다.

그는 2010년 당시 비트코인 1만 개와
30달러짜리 피자 두 판을 교환했다.

그로부터 10년 뒤…
사람들이 비트코인에 부여하는 가치는 크게 달라졌다.

현재 비트코인 1개의 가격은 2만~7만 달러를 오간다.

비트코인의 인식이 달라지고 인기도 높아지니
비트코인을 따라 한 카피캣들이 쏟아졌다.

그러다 비트코인을 진정으로 한 단계
업그레이드한 블록체인이 등장한다.
블록체인 2.0이라 불리는 이더리움이다.

P2P

P2P는 Peer to Peer의 줄임말이며, Peer는 '응시하다, 동료'라는 뜻이다. 즉, P2P는 컴퓨터와 컴퓨터를 직접 연결해 인터넷을 사용하여 각자 컴퓨터 안에 있는 음악 파일이나 문서 등을 공유할 수 있게 하는 기술이다. 서버 같은 중간 매개자 없이 개인이 갖고 있는 정보를 손쉽게 공유할 수 있는 게 특징이다. 쉽게 예를 들면 중간 상인 없이 서로 개인이 직접 물건을 사고파는 중고 거래 시장의 형태와 같다.

암호화폐 백서

암호화폐 백서는 암호화폐 프로젝트의 목적, 디자인, 기술 및 기타 관련 정보를 포함하여 세부 사항을 설명하는 문서다. 일반적으로 암호화폐 개발자가 잠재적 투자자 및 기타 이해 관계자를 대상으로 작성한다. 암호화폐에 대한 기술 및 개념 가이드 역할을 하며 기술이 어떻게 작동하는지, 기존 문제를 어떻게 해결하는지, 그리고 미래의 잠재력은 무엇인지에 대한 간결한 정보를 제공한다. 백서라고 부르는 이유는 표지의 색이 하얀색인 데서 유래한다.

비트코인 피자데이

비트코인이 처음으로 현물 결제수단으로 사용된 사건을 기념하는 날이다. 2010년 5월 18일, 초기 개발자 중 한 사람이었던 라스즐로 핸예츠^{Laszlo Hanyecz}는 비트코인 1만 개를 보낼 테니 피자 2판을 주문해달라는 게시글을 올렸다. 그로부터 4일

뒤 한 사람이 이 거래에 응했고, 그는 비트코인 1만 개를 받고 파파존스 피자 2판을 대신 주문해 주었다.

이를 기념해 코인 업계에서는 매년 5월 22일을 비트코인 피자데이Bitcoin Pizza day라 정했고, 그날만 되면 피자를 경품으로 내건 이벤트가 열리기도 한다.

8화

군주가 없는 이더리움의 세계

앞서 비트코인은 블록에 '거래 장부'를 담는다고 했다.

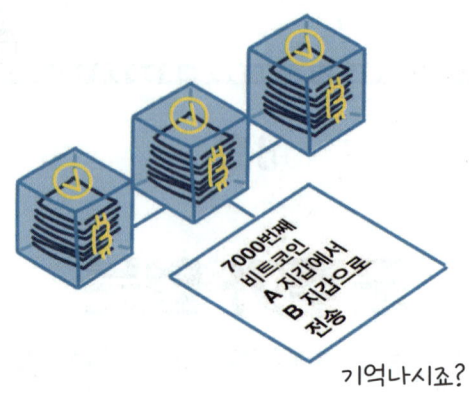

2013년, 비트코인에 푹 빠져 있던 러시아 출신의 청년인 비탈릭 부테린은 이렇게 생각했다.

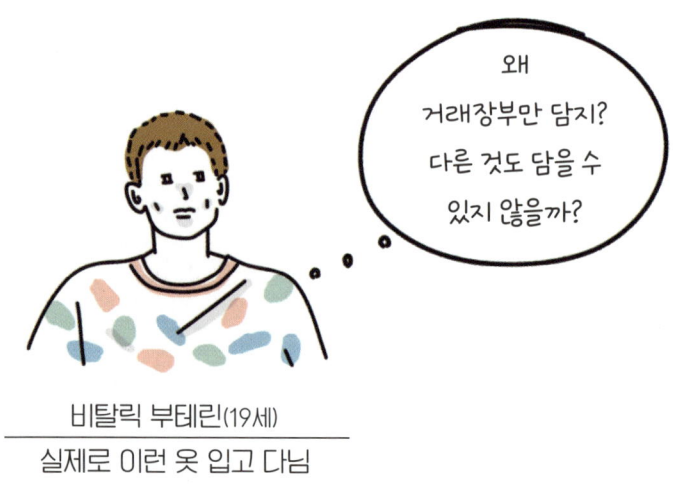

'블록'에 코드를 담아 프로그래밍할 수 있으면,
블록체인 네트워크는 거래 장부를 넘어서
탈중앙화된 컴퓨터가 될 수 있기 때문!

예를 들어 보자.
'A 지갑에서 B 지갑으로 1비트코인을 이동하라'는
단순한 실행이다.

거래를 실행하고
거래 내역이
블록에 기록되면 끝

보낼게!

오케이!

하지만 다음의 경우를 보자.
'A 지갑에 1000이더리움이 모이면,
B 지갑으로 500이더리움,
C 지갑으로 500이더리움을
전송하라.'

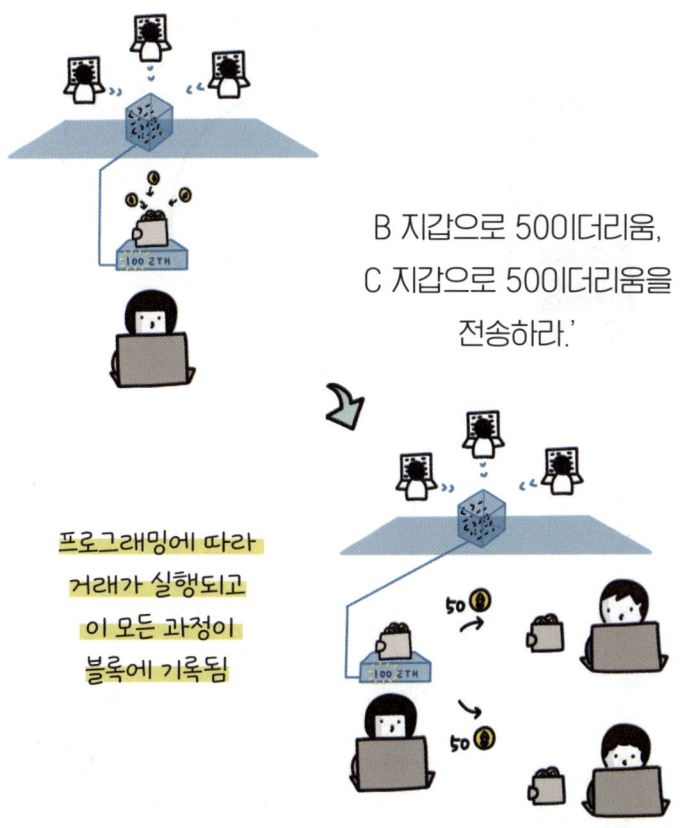

이 명령은 조건이 충족되어야 실행되는 일종의 프로그래밍이다.

==느낌 오죠?
계약은 계약인데 뭔가
좀 스마트하고 복잡한
느낌으로 하는
그런 계약!==

==스마트 계약이 가능한 블록체인이
탈중앙화된 컴퓨터가 된다==는 걸
이해하기 쉽게 예를 들어 보면,

애플 iOS와 구글 안드로이드 위에서
온갖 애플리케이션이 구동되는 것과 같다.

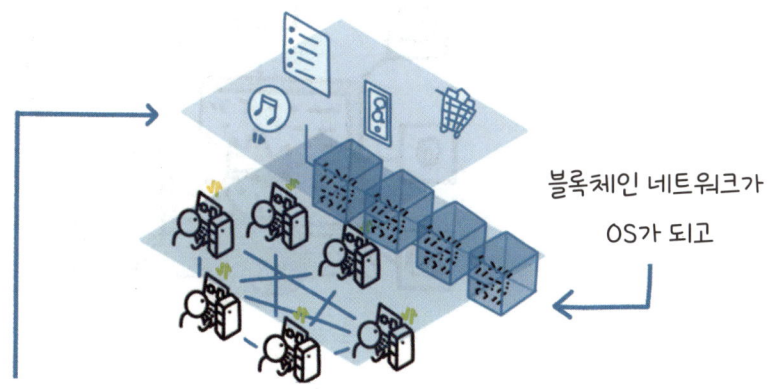

블록체인 네트워크가
OS가 되고

그 위에서 애플리케이션을
구동할 수 있게 되는 것.

한데, iOS는 애플의 통제를 받고,
안드로이드는 구글의 통제를 받는다.

언제든 우리 마음대로
바꿀 수 있음!

즉, 일종의 '군주'가 있는 중앙화된 시스템이다.

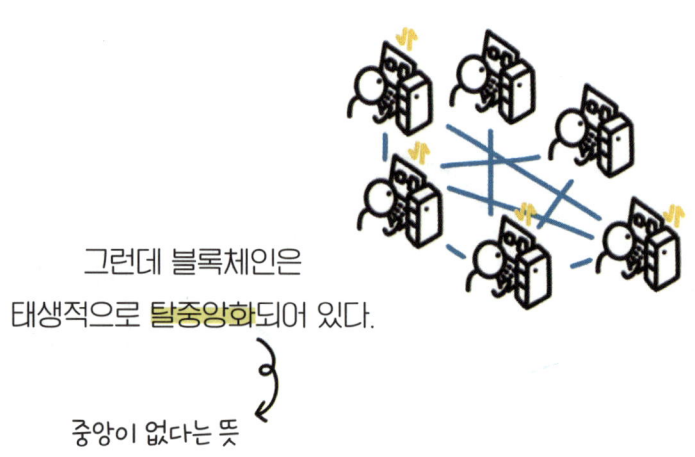

그런데 블록체인은
태생적으로 탈중앙화되어 있다.

중앙이 없다는 뜻

중앙관리자 없이 개인 컴퓨터들로 돌아가는 세계.
그게 이더리움의 존재 의미이자 핵심이다.

이더리움 블록체인에서는 스마트 계약으로
프로그래밍한 다양한 애플리케이션이 만들어진다.

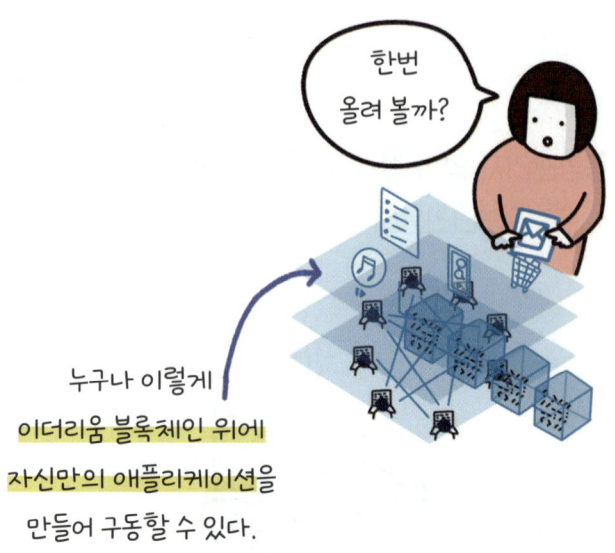

누구나 이렇게 <mark>이더리움 블록체인 위에 자신만의 애플리케이션을</mark> 만들어 구동할 수 있다.

그리고 이들은 이더리움에서 정한 기준(ERC-20)에 따라 자신만의 새로운 암호화폐를 발행해 사용할 수 있다.

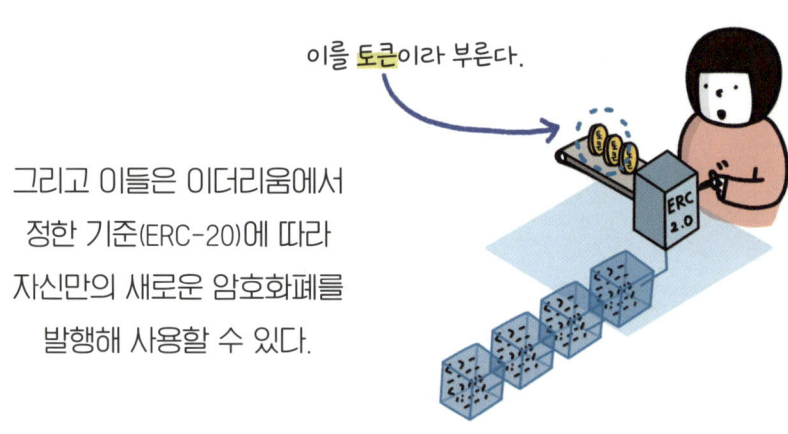

이더리움에서 새로 발행된
암호화폐는 '토큰'이고

이더리움은 '코인'이라 부른다.

코인과 토큰을 이제 구분할 수 있겠죠?

현재 이더리움 블록체인에는 탈중앙화 게임, 탈중앙화 금융(디파이), 탈중앙화 거래소*, NFT 등 수많은 애플리케이션이 돌아가고 있다.

* 업비트, 빗썸처럼 중앙화된 거래소가 아니라 중개자 없이 개인 간 금융 거래가 가능한 곳

이더리움은 네트워크를
유지하는 데 많은 비용이 든다.

이더리움 네트워크
공격하다 망하는 소리.jpg

네트워크 사용이 무료인 경우 악의적으로 네트워크를 혼잡하게 하거나 마비시키는 공격을 일으키기 쉽지.

이것을 막기 위해 이더리움은 가스비(Gas Fee)라는 네트워크 이용료를 받는다. 'Ether(이더)'가 석유화학물질인 에테르와 표기가 같은 점에서 착안해 가스비라 부르는 것이다.

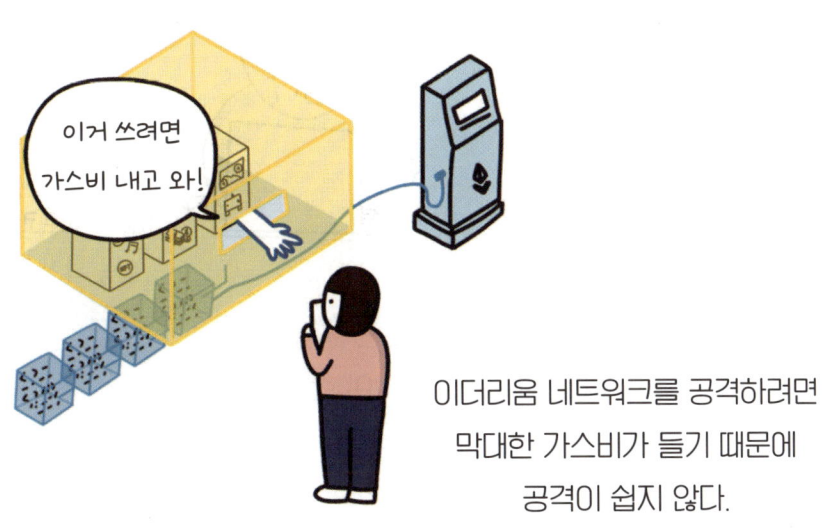

이더리움 네트워크를 공격하려면 막대한 가스비가 들기 때문에 공격이 쉽지 않다.

"이름 짓고 자기들끼리 좋아했을 거 같은 모습이 그려지는 너드들."

이더리움의 장점은 몇 가지 더 있다.

입금을 확인하려면 새로운 블록이
만들어질 때까지 기다려야 한다.

비트코인 10분마다 생성

이더리움 15초마다 생성

이때 이더리움은 비트코인보다
블록을 더 빨리 생성해 준다.

또한 네트워크 수수료도
비트코인보다는 저렴하다.

무엇보다 이더리움에는
다양한 디앱들이 있다.

이런 장점들로 이더리움은 비트코인의
뒤를 이어 두 번째로 큰 블록체인으로 올라섰다.

그런데 말입니다

그런데 이더리움이 많은 비판을 받는 이유가 하나 있어요.

이건 이더리움뿐만 아니라 비트코인의 문제이기도 하다.

컴퓨팅 파워를 이용해 새로운 블록을 생성하고 네트워크를 유지하는 알고리즘(PoW)이라 전력 낭비가 심하다는 점이다.

쉽게 말해 새로운 블록을 추가할 때 암호를 풀어야 하는데, 이때 컴퓨터가 사용하는 전력이 어마어마하게 크다는 얘기!

컴퓨터 연산 능력이 클수록 채굴에 유리하기 때문에,
비트코인이나 이더리움이 인기를 끌수록
군비 경쟁이 일어나 더 많은 컴퓨터와 그래픽카드가
투입되다 보니 환경 오염이 증가하고 있다.

이를 해결하기 위해 이더리움은 2022년 9월,
작동 방식을 전력 소비가 적은 알고리즘(PoS)으로 전환했다.

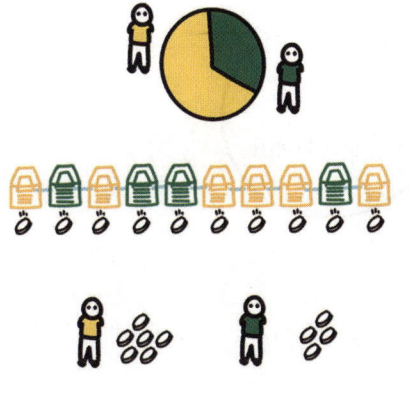

이 방식을 쓰면 블록을
추가하는 데 암호를 풀었든
풀지 못했든 상관없이,
암호화폐를 많이 가진
사람이 블록을 더 많이
추가할 수 있게 된다.

이미 이더리움의 뒤를 이어 나온
여러 암호화폐가 PoS 방식을 채택하고 있으니,
이더리움으로서는 뒤늦은 부분이다.

알고리즘 바꿀 생각 없는
비트코인도 있음

이더리움은 PoS 방식으로 바꾸어
전력 소비량이 99% 이상 감소했다고 한다.

비탈릭 부테린

비탈릭 부테린Vitalik Buterin은 현재 암호화폐 세계에서 가장 영향력이 큰 인물이다. 고등학교 때부터 비트코인에 빠져 비트코인 매거진 사이트를 운영했으나 비트코인의 한계를 느껴 2012년 이더리움 프로젝트를 시작했다. 2013년에는 이더리움 백서를 작성해 크라우드 펀딩으로 개발 자금을 모았다. 이후 이더리움 개발에 착수해, 2015년 7월 30일 이더리움 블록체인을 가동하기 시작했다. 현재 이더리움 블록체인에는 스마트 계약을 이용한 다양한 금융 애플리케이션과 NFT 애플리케이션 등이 구동되고 있다.

스마트 계약

1996년, 닉 재보Nick Szabo가 스마트 계약Smart Contract이라는 개념을 탄생시켰다. 그가 제시한 스마트 계약은 중개기관 없이 P2P 방식으로 계약 체결이 가능하도록 하는 전자 계약 기능이었다. 전자로 계약서를 작성한 다음 당사자 간 합의한 대로 계약 내용이 자동 실행되는 것으로, 분쟁의 소지를 없애고 투명한 거래를 수행할 수 있다. 온라인상에서 손쉽게 계약을 체결할 수 있으므로 전통적인 계약 방식보다 비용을 줄일 수 있다고 주장했다. 그 후 2015년 비탈릭 부테린이 이더리움 블록체인을 개발하면서 스마트 계약을 구현하였고, 본격적으로 주목받게 된다.

디앱

탈중앙화 애플리케이션. iOS나 안드로이드와 같은 중앙화된 네트워크가 아니라 탈중앙화된 블록체인에서 구동되는 애플리케이션을 이르는 말로, Decentralized Application을 줄여 디앱 또는 댑이라 부른다. 이더리움 네트워크에서는 이더를 사용하고, 이더리움 네트워크에 설치된 디앱에서는 ERC-20 표준에 따라 독자적인 토큰을 발행해 사용할 수 있다.

ERC-20 표준안

이더리움 블록체인 네트워크의 표준, 즉 프로토콜로 Ethereum Request for Comments를 줄여 ERC라 부른다. 여러 프로토콜 가운데 스무 번째로 제시되어 채택된 것이 ERC-20이며, 이더리움 네트워크에서 토큰은 ERC-20 표준에 따라 발행된다. 보통 이러한 토큰을 ERC-20 토큰이라 부른다.

ERC-721, ERC-1155 표준안

2018년 6월에는 대체 불가능한 토큰, 즉 NFT를 작성하는 표준안 ERC-721이 채택되었다. 바로 NFT를 발행할 수 있는 최초의 프로토콜이다. 하지만 ERC-721은 한 번에 하나씩 계약을 체결해야 해서 수수료가 많이 들고, 거래 속도가 느려 게임 아이템처럼 대량의 계약 건을 처리하기에는 비효율적이었다. 블록체인 게임 개발 회사 엔진Engine에서는 한 번에 여러 건의 계약을 처리할 수 있는 표준안으로 ERC-1155(단일 계약만으로도 게임 내에 모든 종류의 토큰을 지원하는 방식)를 제안했다.

PoW

작업증명^{Proof of Work, PoW}은 비트코인을 시작으로 블록체인에서 처음 사용한 합의 알고리즘으로, 컴퓨터의 연산 능력을 활용하여 해시함수(단순하지만 숫자를 일일이 넣어 계산하느라 시간이 오래 걸리는 수학 문제)를 풀어 답을 찾아낸 자가 새로운 블록을 추가하는 방식이다. 답을 처음 찾아낸 자가 보상을 받는데, 이를 '채굴한다'는 말로 통용하고 있다.

PoS

지분증명^{Proof of Stake, PoS}은 PoW의 연산 능력 낭비(그래픽카드 낭비, 전력 낭비) 문제를 해결하고자 2012년에 개발한 합의 알고리즘이다. 대체로 PoS는 비트코인 작업증명^{PoW}보다 친환경적이고, 확장성이 더 뛰어난 버전으로 평가받는다. PoS는 암호화폐를 보유한 지분에 비례해 새로운 블록을 추가할 기회를 얻는다. 현재 많은 암호화폐가 PoS를 채택하고 있다.

가스비

이더리움에서 코인이나 토큰을 전송하거나 스마트 계약을 실행할 때(이를 트랜잭션이라 한다) 받는 네트워크 이용료를 가스비라 부른다. 가스비는 ① 거래 종류, ② 네트워크 혼잡도, ③ 거래 속도에 따라 지불 금액이 달라진다. 단순한 암호화폐 전송보다 더 많은 코드를 활용하는 스마트 계약의 경우 가스비가 높아지며, 네트워크가 원활할 때보다 혼잡할 때 가스비가 높아진다.

또한 메타마스크^{MetaMask}(이더리움 개인 지갑을 편리하고 안전하게 관리할 수 있는 브라우저 확장 프로그램)에서 전송 속도를 빠르게 설정하면 더 많은 가스비를 지불해야 한다. 가스비 한도를 잘못 설정하면 전송 금액보다 가스비가 더 커지기도 해 조심해야 한다.

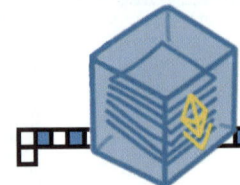

9화

이더리움과 '이더리움 킬러'들

코인과 토큰에는 비트코인과 이더리움만 있는 것은 아니다.

2023년 3월 말 코인마켓캡 기준으로
코인과 토큰 수는 2만 3,000개에 달한다.

그 와중에 비트코인에 이어 시가총액 2위인
이더리움은 블록체인 기술을 선도하고 있다.

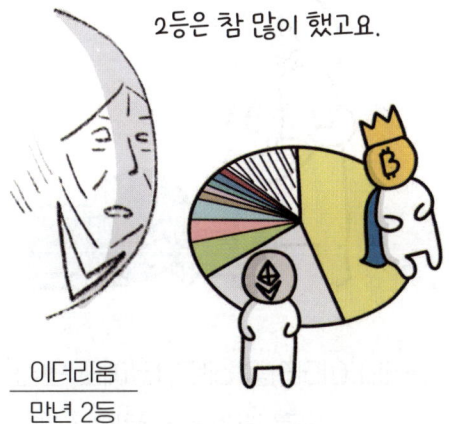

실제로 많은 프로젝트가
이더리움을 기반으로 진행되고 있다.

스마트 계약을 처음으로 도입하고,
디파이, NFT가 가장 먼저 등장한 곳도
바로 이더리움이다.

그러나 이더리움 네트워크에도 단점은 있다.
바로 비싼 수수료!(가스비)

이더리움에서는 전송, 계약과 같은 행동[트랜잭션(transaction)]을 할 때마다 수수료를 내야 한다.

초기에는 저렴했지만 이용자가 증가하다 보니, 처리량에는 한계가 있고 이더리움 가격은 많이 올라 수수료 부담도 커졌다.

따라서 처음 참여하는 사람에게는
이더리움의 높은 수수료가 부담스러울 수 있다.

'탈중앙화 OS'라는 왕좌에 오른
이더리움이 있었기에,

이더리움 이후의 프로젝트들은 이더리움을
이기기 위해 차별화 전략이 필요했다.

그래서 이더리움의 약점을 공격하며,
이를 개선했다는 점을 강조했다.

모든 반전 영화의 카피가
'〈식스센스〉 이후 최고의 반전'이 되었던 것처럼

새로운 블록체인은
늘 '이더리움 킬러'로 호명되었다.

이더리움 킬러라 불리던
블록체인이 많이 등장했지만,

시간이 지날수록 빛나는 것은
오히려 이더리움이었다.

이더리움은 굳건한 반면
이더리움 킬러는 저 멀리 추락하고,

또 다른 프로젝트가 '이더리움 킬러'라고
주목받는 상황이 반복되었다.

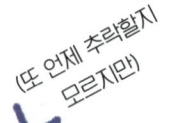

그렇게 현재 주목받는 블록체인은
솔라나(Solana)와 테조스(Tezos),
아발란체(Avalanche), 폴리곤(Polygon)
등이 있다.

(또 언제 추락할지 모르지만)

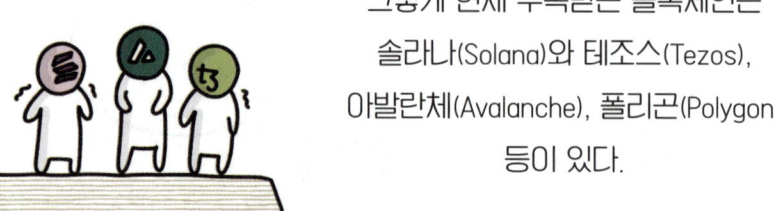

음… 과연 누가
잠재력이 있을까…

긴가민가

자, 그럼

어떤 포인트에서
이 코인들이 주목받는지
살펴보죠!

솔라나는 초당 6만 5,000건의 거래를 처리하며 처리 속도 면에서 이더리움을 압도한다.

"이더리움은 현재 초당 30건"

그러나 너무 많은 트랜잭션 때문에 멈추거나
디도스 공격에 대응하지 못하는 문제가 발생했다.

2021년 9월부터 2022년 1월까지
블록체인이 여섯 차례나
먹통이 되기도 했다.

그럼에도 현재 매직에덴(Magic Eden),
솔라나트(Solanart) 등
NFT 마켓에서 이더리움에 이어
가장 큰 규모의 블록체인이 되었다.

 테조스는 2017년 ICO한 프로젝트 중
가장 큰 자금을 모은 초대형 프로젝트였다.

소송 등에 얽혀 오랫동안 지지부진하다가
NFT 마켓 앱 힉엣눙크(Hic et Nunc)를 내놓으며
테조스 블록체인 또한 주목받고 있다.

 아발란체는 NFT보다는 디파이에 집중하고 있다.

이미 12조 원이 넘는 암호화폐가 예치되었고 탈중앙화 금융이 활발하게 이루어지고 있다.

 디파이는 탈중앙화 금융을 말해요. 아주 쉽게 예를 들면 암호화폐를 담보로 걸고 일정 금액을 대출받는 걸 생각하면 돼요.

이들과 달리 이더리움 블록체인을 확장해 이더리움의 문제를 해결하려는 프로젝트도 있다.

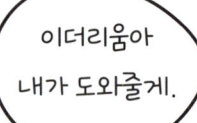

폴리곤은 이더리움의 확장성 문제를 해결하기 위해 이더리움 체인 옆에 사이드체인을 만들고,

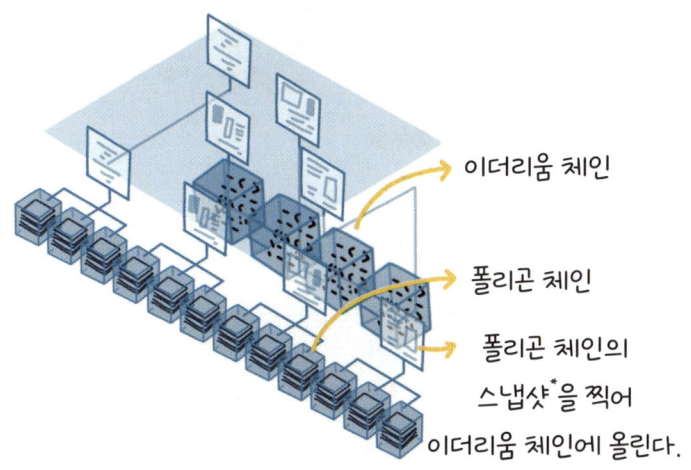

여기에 기록한 정보를 스냅샷으로 이더리움 체인에 올린다.

* 특정 시점에서 각 사용자가 보유하고 있는 코인의 수량을 '사진 찍듯이' 저장해 두는 것을 일컫는다.

폴리곤 블록체인에서
많은 정보를 처리하고

이를 최종 기록하는 용도로
이더리움 블록체인을
활용하는 방법이다.

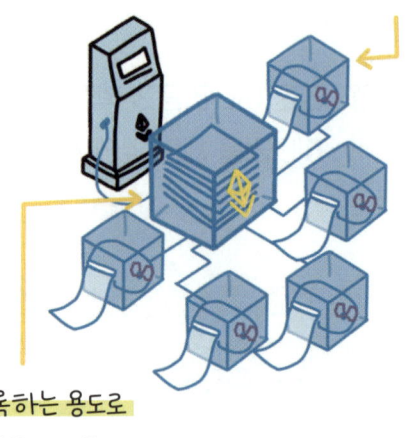

폴리곤은 저렴한 가스비로 사이드체인을 운영하며,
스냅샷을 이더리움에 올려 안정성을 강화하는 효과를 얻을 수 있다.

가스비 비싼 집   가스비 싼 집

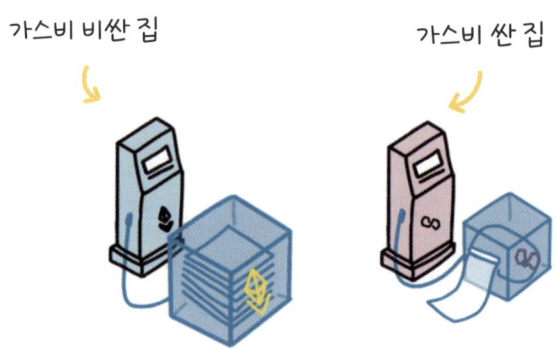

이처럼 블록체인은 다양한 문제를
해결하기 위해 탄생했고, 계속 발전하고 있다.

현재 디앱 생태계에서 가장 활성화된 블록체인 역시 이더리움이다.
NFT 마켓에서의 비중 역시 이더리움이 가장 크지만,
다른 블록체인들도 자신들만의 장점을 내세워 성장하고 있다.

이더리움과 이더리움 킬러 간의 전쟁에서
이더리움은 계속 왕좌를 지킬 수 있을까?

아니면 킬러가 그 자리를 빼앗을까?

어쨌든 이들 간의 경쟁으로 블록체인 기술은 계속 발전하고 있어요.

ICO

주식시장에서 기업이 최초로 주주를 공개 모집하는 것을 IPO^{Initial Public Offering}(기업공개)라 부르는 것에 빗대어 코인을 처음으로 공급하는 것을 ICO^{Initial Coin Offering}(암호화폐공개)라고 부른다.

최초로 ICO를 한 코인은 마스터코인^{Mastercoin}으로 2013년 7월에 진행되었다. 이들은 인터넷에 사업계획(백서)을 올리고, 비트코인을 보내면 마스터코인을 발행해 주겠다고 약속해서 당시 비트코인 시세로 4억 7,000만 원을 모았다. 2014년에는 이더리움 역시 비트코인으로 196억 원을 모금했고, 이더리움 개발 후 후원자들에게 이더리움을 보내주었다.

트랜잭션

트랜잭션^{transaction}은 데이터베이스의 상태를 변경시키기 위해 수행하는 작업 단위다. 블록체인에 기록된 내용을 변경하기 위해 수행하는 작업 단위가 '트랜잭션'이 된다.

확장성 문제

블록체인이 많은 참여자를 수용하려면 수많은 참여자의 거래 정보를 빠르게 기록해야 한다. 확장성은 1초에 몇 개의 거래 정보를 전송할 수 있는지로 평가할 수 있다. 하나의 블록에는 유한한 거래 정보가 기록되며, 수용 가능한 범위를 넘어서면 블록체인에 과부하가 걸려 속도가 떨어진다.

PART 2. 디지털 혁명이 만든 일상

이더리움은 확장성 문제에 직면한 대표적인 블록체인이다. 이더리움 네트워크 위에 구동되는 디앱이 많고 처리해야 하는 정보도 많으나, 처리 속도는 초당 30건에 불과하기 때문이다.

사이드체인

사이드체인^{side chain}은 블록체인의 메인체인 옆에 나란히 붙어서 작동하는 하위 체인을 말한다.

모든 데이터를 메인체인 위에 올리면 메인체인이 점점 무거워져 체인을 유지하는 데 비용이 늘어나게 된다. 이를 해결하기 위해 메인체인 옆에 사이드체인을 붙이는 것이다. 따라서 대부분의 정보 처리를 사이드체인에서 하고, 중요한 정보만 메인체인에 기록한다.

코인마켓캡

코인마켓캡^{Coinmarketcap}은 전 세계 거래소별로 거래량과 순위를 보여 주고, 암호화폐 거래에 대한 정보를 제공하는 웹사이트다.

10화

미래의 커뮤니티상 다오

블록체인과 암호화폐를 알아가다 보면,
'탈중앙화'라는 말을 많이 만나게 된다.

블록체인 부스러기를 집어들었을 뿐인데
탈중앙화 비둘기가 몰려왔다.jpg

블록체인은 탈중앙화 네트워크,
코인과 토큰은 탈중앙화된 화폐,
탈중앙화 거래소,
탈중앙화 금융,
탈중앙화 애플리케이션…

이는 블록체인의 정신이 탈중앙화에 닿아 있기 때문이다.
블록체인은 서버의 중앙화와 정보의 독점을 거부한다.

국가와 은행이 만든 화폐가 아니라
개인들이 PC와 인터넷을 이용해 만든 암호화폐를 사용하며,

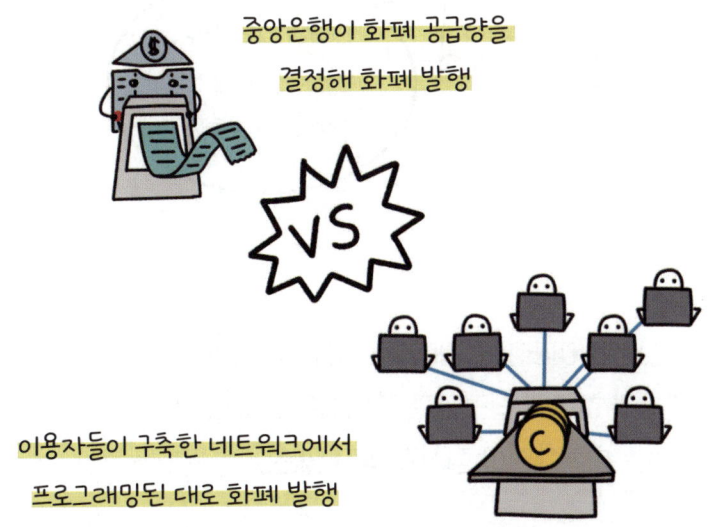

중앙은행이 화폐 공급량을
결정해 화폐 발행

이용자들이 구축한 네트워크에서
프로그래밍된 대로 화폐 발행

국가와 기업이 만든 네트워크가 아니라
이용자들이 구축한 네트워크를 이용한다.

그런데 이러한 과정에서 의사결정을 하는
주체가 하나의 집단이고, 중앙화되어 있다면?
블록체인의 정신과 맞지 않는다.

그래서 블록체인에서 의사결정을 하는
주체 역시 탈중앙화된 조직을 지향하며,
이를 다오(DAO)라 부른다.

블록체인 네트워크상에서 모두가
의사결정에 참여할 수 있음!

이용자들이 직접 참여하여 각 안건에
자신들의 의견을 하나하나 반영하는 것이다.

다오라는 용어는 2013년 비탈릭 부테린이
이더리움 백서에서 처음으로 소개한 개념이다.

더 다오는 그러던 어느 날…
해킹을 당한다.

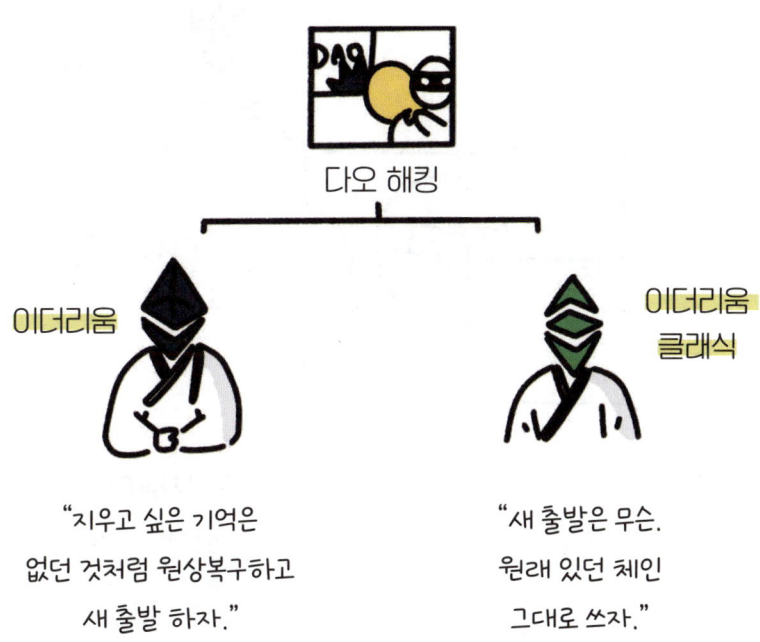

이후 해킹의 해결 방안에 대한 의견 대립으로 진영이 갈라져
이더리움과 이더리움 클래식으로 분열하게 된다.

2021년에는 시티다오(City DAO)라는
독특한 프로젝트가 있었다.

시티다오는 암호화폐 투자자들이
도시를 건설하고자 한 실험적인 프로젝트라 할 수 있다.

'이 조직에는 시장(리더)이 없다!'라 주장하며
구성원들이 디스코드를 통해 모였다.
그리고 모든 중요한 안건을 투표로 결정했다.

이 프로젝트에 5,000명이 참여하였고,

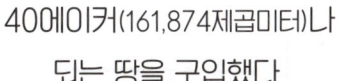

40에이커(161,874제곱미터)나 되는 땅을 구입했다.

(잠실야구장 면적의 여섯 배)

보통 기업과는 달리 다오는 CEO가 없고,
관리자도 없다. 이사회 또한 없다.

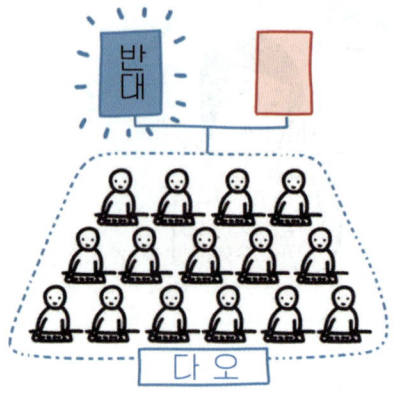

소수의 이사가 아니라 모든 참여자가
공동으로 의사결정을 내리는 것이다.

따라서 다오는 투명하고 접근성이 좋으며 민주적이다.

기업의 형태가 다양하듯 다오 역시
다양한 형태가 가능하며, 기업이 여러 목적을
수행하는 것처럼 다오도 다양한 일을 수행할 수 있다.

그렇다면 다오가 기업의 혹은 커뮤니티의 미래가 될 수 있을까?

하지만 한계가 있는데…
현재 다오의 가장 큰 문제는 법적 지위다.

다오는 현재 대부분의 국가에서
법적으로 인정받지 못하고 있다.

법인으로 인정받지 못하면 직원 고용,
부동산 매입, 임대, 보험 가입, 계약, 세금 등에서
발생하는 문제가 많다.

그나마 최근 들어 이는 조금씩 해결되고 있다.

2021년 7월 미국 와이오밍 주정부는
'아메리칸 크립토페드 다오(AmericanCryptoFed DAO)'를
합법적인 법인으로 승인했고,
이에 미국 최초의 정식 다오가 탄생했다.

2022년 2월에는 실물자산과 가상자산을 연결하는 탈중앙 금융 기업, '앨리시아 다오(Elysia)'가 미국에서 두 번째 다오로 등록되었다.

법적 지위가 해결되어도 또 다른 문제가 있다. 바로 참여의 문제다.

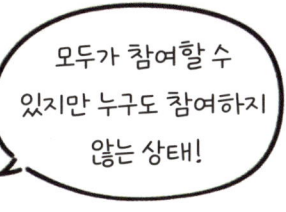

(이거 어디서 많이 봤는데…)

뜨끔!

"어디서 봤냐면,
동네 주민 투표,
아파트 투표,
주주총회 안건…"

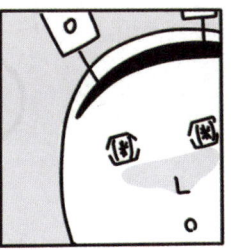

현실적으로 모든 사안에 모든 사람이 참여하는 것은 불가능하다. 게다가 비효율적이다. 의사결정은 느리고, 안건을 숙지하지 못하고 투표하는 경우가 빈번해진다.

이걸 다 하라고?

민주주의적인 투표이지만,
잘못된 선택을 할 수도 있다.

많은 기업에서 대부분의 의사결정은 CEO에 맡기고,

일부 안건만 이사회 의결을 거치는 것은 의사결정을 효율적으로 하기 위해서다.

그렇다고 다오가 피어 보지도 못하고 사장될 시스템은 아니다.

참여가 저조하면 최저 투표율 기준을 낮출 수도 있고,
소위원회들을 구성해 안건을 분리하거나 위임할 수도 있다.

업데이트 중

합의에 따라 투표 시스템 자체를 변경하는 것도 얼마든지 가능하다.

기업보다 더 유연하게 만드는 것도 가능하겠는걸?

최근 NFT와 디파이 마켓의 성장과 함께
다오에 대한 관심 또한 크게 늘었다.

블록체인 운명공동체.jpg

2022년 3월 기준 다오 4,832개가 존재하고
이용자는 180만 명에 달한다.*

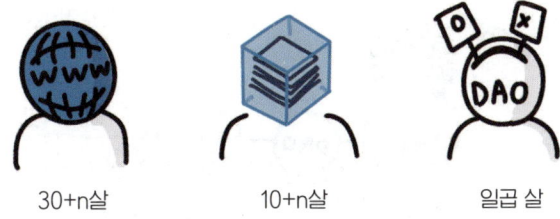

30+n살   10+n살   일곱 살

블록체인의 역사는 이제 10년이 조금 넘었고,
다오는 7년에 불과하다. 아직 갈 수 있는 곳이 많다.

---

* 자본시장연구원, 〈자본시장포커스〉 2022-07호, "탈중앙화 자율조직 DAO의 현황과 이슈", 2022.04.04

다오의 부상은 이제 시작이다.

다오의 형태

- 프로토콜 다오 Protocol DAO: 자산을 거래하고 빌려주는 탈중앙화 조직으로, 탈중앙화 토큰거래소 유니스왑 등이 있다.
- 투자 다오 Investment DAO: 참여자들에게서 자금을 받아 벤처 투자를 하는 탈중앙화 조직으로 메타카르텔 벤처스, 넵튠, 라리 캐피털 다오 등이 있다.
- 컬렉터 다오 Collector DAO: NFT를 수집해 보유하는 탈중앙화 조직으로 플레저 다오 등이 있다.
- 그랜트 다오 Grants DAO: 특정 블록체인 발전을 위해 후원금을 모아 개발 등의 프로젝트를 후원하는 탈중앙화 조직으로 보조금 다오, 지원금 다오라고도 부른다.

다오와 전통 기업 비교

구분	다오	전통 기업
구조	수평적·분산화	수직적·중앙집중화
소유권	토큰	주식
커뮤니티 업데이트	트위터, 깃허브, 디스코드, 주간·월간 미팅	분기·반기·연차보고서, 주주총회
회계·감사	블록체인에 구축된 오픈소스 코드에 기반을 두어 투명함	상장기업은 투명한 편이나 비상장기업은 불투명함
거버넌스	블록체인의 스마트 계약을 통해 투표 자동화	기업의 절차에 따라 투표

자료: Galaxy Digital Research, KB증권

롤백

롤백Rollback은 데이터를 관리하는 방법 중 하나로, 데이터베이스에서 오류가 발생할 때 오류 발생 이전에 기록된 파일을 사용해 원래의 정상적인 상태로 되돌리는 것이다. 후진 복귀라고도 한다. 이더리움 네트워크는 롤백을 선택하였고, 롤백을 지지하지 않는 사람들은 갈라져 롤백 없이 기존의 네트워크를 유지했다. 이는 이더리움 클래식이 되었다.

이더리움과 이더리움 클래식 체인 분리

앞서 언급한 바와 같이 이더리움과 이더리움 클래식은 2016년 더 다오에 해킹이 발생한 사건으로 블록체인이 분리되었다. 해커가 더 다오에서 훔친 기록을 지우기 위해 이더리움 커뮤니티는 하드포크를 진행해 새로운 블록체인을 만들었다. 반면 이더리움 클래식 진영은 원래의 블록체인을 유지하기로 결정했다. 이더리움과 이더리움 클래식은 기술적으로 비슷하지만, 철학적으로는 다른 가치관을 보여주었다. 이더리움은 블록체인의 변경이 가능하다고 주장한 반면, 이더리움 클래식은 블록체인의 변경이 불가능하고, 코드는 법이라는 원칙을 따랐다.

PART 3.
현실과 가상을 넘나드는 경제 생태계

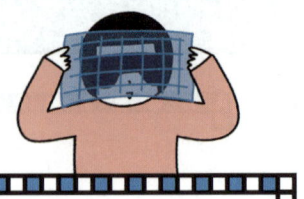

11화

디지털 지구,
메타버스 세상

2020년 초 시작된 코로나19 바이러스는 전 지구를 휩쓸었다.

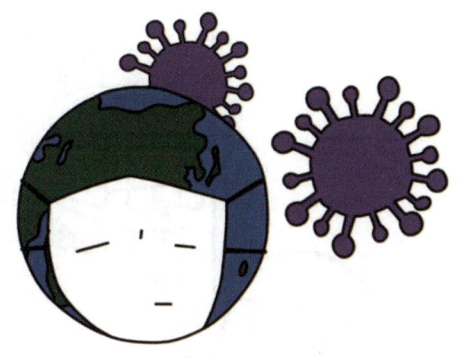

세계 곳곳이 락다운에 들어갔다.

2020년의 정모.jpg

한국에서는 실내 마스크 의무 착용, 4인 이상 사적 모임 금지,
영업시간 제한, 비대면 수업, 재택근무 등
방역을 위한 사회적 거리두기 조치가 이어졌다.

우리는 팬데믹으로 통제받는 사회를
처음으로 온전히 경험했다.

과거에 개발되었으나 잘 사용하지 않던
기술들이 강제로 확산되기도 했다.

사람들은 영상으로 화상회의를 하고,
사무실이 아닌 자택에서 근무했다.

게더타운, 오비스 등 가상공간의
사무실로 출근해서 업무를 봤다.

아이들은 비대면 수업이 끝나고 동네 놀이터가
아니라 메타버스 게임 플랫폼인 로블록스에 모여 놀았다.

코로나를 계기로 메타버스가
더 빠른 속도로 일상 속에 스며든 것이다!

"한 10년 뒤쯤 이럴 거라고
상상했는데…."

이 메타버스는 실제로 무슨 뜻일까?

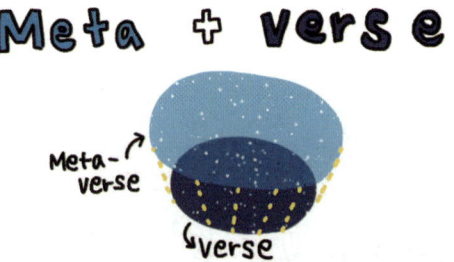

메타버스는 '메타'와 '유니버스'를 합한 단어로
메타는 초월, 유니버스는 우리가 사는 우주를 의미한다.

이런 현상을 보던 엔비디아 대표 젠슨 황은
'메타버스 시대가 온다'고 외쳤고,

페이스북은 그에 뒤질세라
사명을 '메타'로 바꾸었다.

2021년 3월 로블록스가 주식시장에 상장하자,

메타버스 관련 리포트가 쏟아졌다.

'이거 어디서 많이 본 양상인데?
응, 내 주식 차트.'

메타버스 기술에 대한 관심은 더욱 늘었고,
메타버스에 투자하려는 자본이 몰렸다.

2021년 메타버스 상황 요약.jpg

사람들은 메타버스라는 가상세계에 모였고, 자연스럽게 경제 활동이 일어났다.

메타버스 안에서 옷을 사 입고, 액세서리와 아이템을 구매한 것이다.

그 외에도 부동산을 구입하거나 대여하고, 집을 꾸몄다. 영화와 공연을 보고 음악을 들었다.

챔(초4), 사촌 조카

메타버스를 이해해보자.avi

친구를 만나 대화하고, 게임을 했다.

그만 이해하자.avi

현실 세계에서 일어나는 일들이 메타버스 세상에서도 일어났다.
가상세계에서 돈을 쓰고, 만질 수 없는 가상의 물건을 사는 게
낯설지 않은 풍경이 되었다.

가상세계의 경제 규모가 커지며
현실 세계의 실제 국가들의 규모를 추월하기도 했다.

로블록스는 2022년 매출만 22억 달러로
GDP 165위인 에리트리아를 앞서기도 했다.

PART 3. 현실과 가상을 넘나드는 경제 생태계

메타버스라는 용어가 최근 들어 많이 쓰이다 보니
새로운 용어라고 생각하기 쉽지만 실은 생각보다 오래되었다.

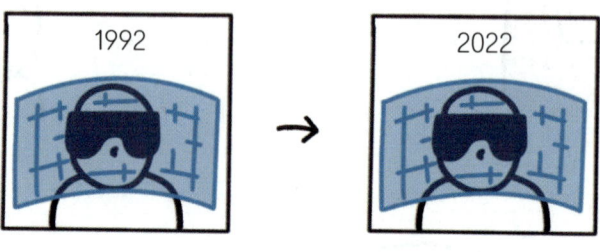

30년째 이 얼굴.jpg

30년을
앞선 사람?!

1992년에 출간된 닐 스티븐슨의 SF소설,
《스노 크래시》에 처음 등장했으니
무려 30년이 넘은 용어다.

이 소설 속 주인공은 디지털 분신 '아바타'*를 통해
지구와는 전혀 다른, 가상의 장소 '메타버스'에서 활약한다.

닐 스티븐슨(59년생)
이름 짓기 장인

* 아바타는 '하늘에서 내려온 자'를 뜻하는 산스크리트어다.

SF소설에서 시작된 메타버스는
다양하게 정의되고 있다.

그렇다 보니 비슷한 듯하면서
모두 다른 정의를 갖는 게 특징이다.

메타버스에 진심인 기업,
메타는 이렇게 말한다.

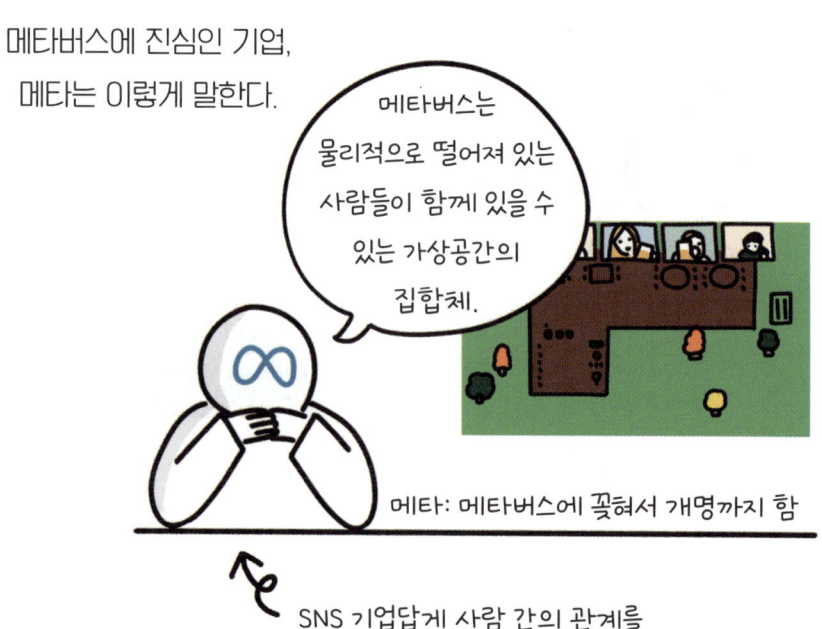

메타버스는 물리적으로 떨어져 있는 사람들이 함께 있을 수 있는 가상공간의 집합체.

메타: 메타버스에 꽂혀서 개명까지 함

SNS 기업답게 사람 간의 관계를
중심으로 메타버스를 설명 중

MS의 설명은 이렇다.

윈도우와 다양한 업무 툴을 제공하는 기업답게
업무를 중심에 두고 건조하게 설명 중

엔비디아는 뭐라고 했을까?

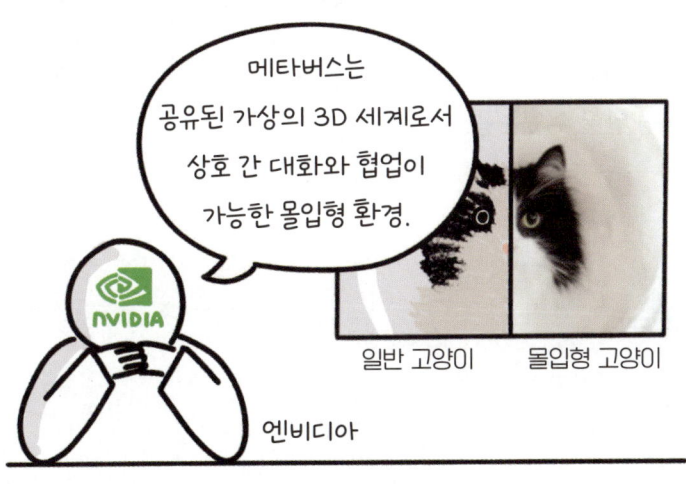

그래픽카드 생산 업체답게 3D를 강조

메타버스를 선도하는 기업들은 저마다 목적과 목표에 맞추어
메타버스의 의미를 조금씩 다르게 정의하고 있으나

메타
: 사람을 연결하는 가상공간

MS
: 현실처럼 일할 수 있는 공간

엔비디아
: 가상의 3D 세상

종합해 보면 현실과 상호작용하며, 시공을 초월해 현실 속 사람들을 연결하는 세상이라 할 수 있다.

메타버스라고 해서 모두에게
동일한 의미로 다가가는 건 아니다.

어떤 사람에게 메타버스는
로블록스나 마인크래프트와 같은
게임 속 가상공간이며,

어떤 사람에게는 게더타운과 같은
온라인 사무실이며,

어떤 사람에게는
영화 〈레디 플레이어 원〉(2018)이나 〈프리 가이〉(2021),
〈매트릭스〉(1999)와 같은 가상현실 공간이다.

그럼 이 중에서 무엇이 진짜 메타버스일까?

비영리 기술 연구 단체 ASF*는 메타버스를
'증강과 시뮬레이션', '내적인 것과 외적인 것'이라는
두 축으로 나누어 네 가지로 분류했다.

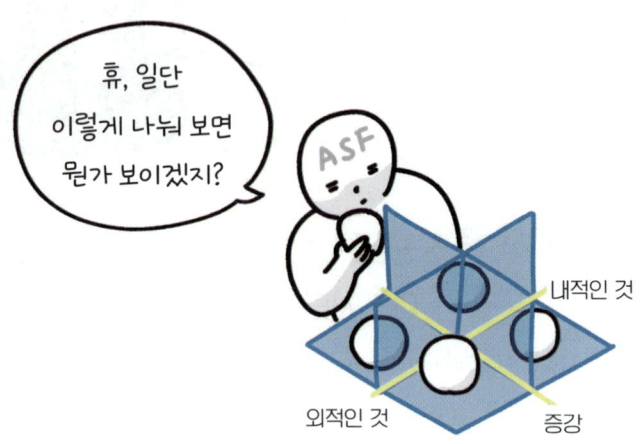

그렇게 해서 메타버스를
네 가지로 분류해 보면 다음과 같다.

* Acceleration Studies Foundation, 미래가속화연구재단

먼저, 라이프로깅(Lifelogging)은 사람들이 자신의 기록을 글, 사진, 영상으로 남겨 서로 공유하는 세계다.

페이스북, 인스타그램, 틱톡 등이 여기 속한다.

엥? 지금 다 내가 하는 것들이네?

자기도 모르는 사이에 메타버스 하는 중이었던 걸 깨달은 사람

디지털 세상 속의 '나'는 현실 그대로의 '나'를
보여 주지 않아도 된다.

현실의 '나'를 자신이 의도하는 방향으로 편집해
보여 주고 다른 사람들의 반응을 기대한다.

현실의 '나'를 투영하지 않고,
완전히 새로운 캐릭터를 창조해
사람들에게 보여 주기도 한다.

부캐(부캐릭터)를 통해
또 다른 자아를 만들고
표출하는 것이다.

누구세요?

지나가던 남편

PART 3. 현실과 가상을 넘나드는 경제 생태계   237

두 번째, 증강현실은 현실 위에 가상의 이미지,
판타지 세계관과 이야기를 쌓아 올려 만들어 낸 세계다.

예로, '포켓몬 고'라는 게임을 들 수 있다.
게임을 할 때 스마트폰 카메라로
길을 비추면 가상의 포켓몬들이 출현하는데,

몬스터볼을 던져 포켓몬을 잡을 수 있다.

이렇듯 증강현실은 우리가 사는 세상을
판타지 공간으로 바꿀 수 있다.

현실을 확장한 메타버스 공간에서는
새로운 세계관을 익히거나
기술을 보다 쉽게 습득할 수 있다.

세 번째, 거울세계는 실제 세계를 가능한 한 사실적으로 나타내되, 정보적으로 확장된 가상세계를 뜻한다.

방구석 파리 체험.jpg

이를 통해 현실 세계를 시공간의 제약 없이 확장한다.

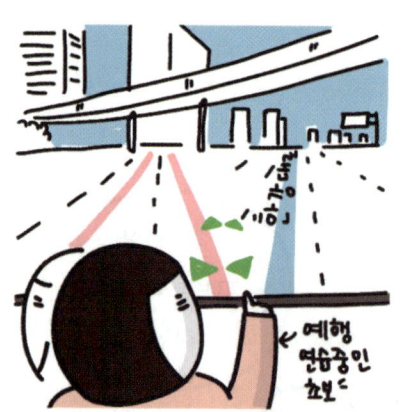

난이도 극상의 초행길 연습 중.jpg

예로, 카카오맵 같은 위성 영상 지도 서비스가 있다. 카카오맵과 네이버 지도의 로드뷰는 현실의 길을 그대로 옮겨 놓았지만 거기에는 다양한 정보가 더해져 있다.

마지막으로 <mark>가상세계</mark>는 현실과 유사하거나
혹은 완전히 새로운 세계를 구축한 것이다.

잘 노네

이용자들은 아바타를 통해 메타버스 세상에
들어가 모험을 하거나 경쟁을 하기도 하고,
특별한 목적 없이 어울리고 놀기도 한다.

우리에게
가장 익숙한
메타버스죠?

2020년 어린이날, 청와대는 어린이들을
마인크래프트 속에 구현한 청와대로 초청하기도 했다.

청와대를 마인크래프트에 비슷하게 만들고
어린이들이 마음껏 둘러볼 수 있도록 했다.

현실 공간을 비춘 메타버스를 통해
시공간 제약 없이 수많은 사람이
청와대에 들어갈 수 있도록 한 것이다.

라이프로깅, 증강현실, 거울세계, 가상세계.
모두 각각의 쓰임새가 있다. 그럼 이들의 공통점은?

'메타버스를 통해 현실 세계가 확장되어
다양한 경험을 할 수 있다'는 점이다.

PC와 스마트폰 같은 디지털 단말기를 통해
어느 곳에서나 손쉽게 진입할 수 있고

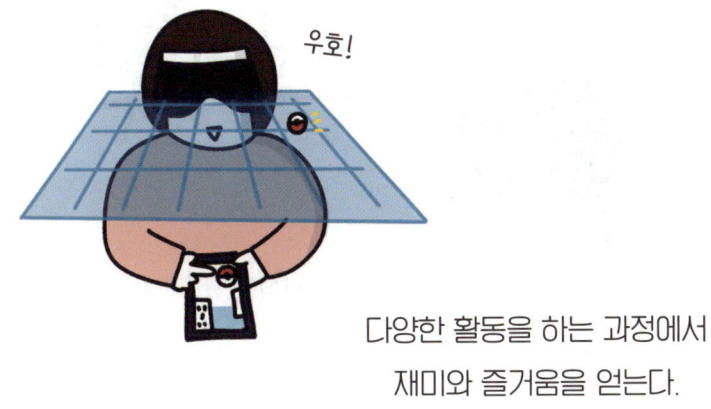

다양한 활동을 하는 과정에서
재미와 즐거움을 얻는다.

잘못할까 걱정할 필요 없고,
실패할까 두려워할 일도 없다.

1969년에 시작된 인터넷은 1990년대 후반부터
우리 일상 속에 들어오기 시작했다.
그리고 삶을 완전히 바꾸어 놓았다.

또한 2007년 말 애플에서 출시한 아이폰은
하나의 거대한 모바일 혁명을 일으켜
일상을 통째로 바꾸었다.

스마트폰 이식자

인터넷, 스마트폰과 마찬가지로 메타버스도
우리 삶을 변화시킬 수 있는 기술이다.

메타버스에서의 경험은
일상에 녹아들어 미래를 더 풍요롭게 만들지도 모른다.

엔비디아

엔비디아는 게임, 그래픽 및 암호화폐 채굴을 위한 그래픽 처리 장치 및 시스템 온 칩^{SoC} 장치 설계를 전문으로 하는 미국의 기술 회사다. 엔비디아는 주로 고성능 그래픽을 요구하는 게임을 위한 그래픽 카드를 제작했는데, 최근에는 AI 머신러닝, 암호화폐 채굴로 인해 GPU 수요가 많이 늘었다.

게더타운

게더타운$^{Gather. Town}$은 온라인 메타버스 플랫폼으로, 가상의 도시 및 건축 공간 안에서 사람들이 아바타로 만나 협업하고 소통할 수 있는 방법을 제공한다. 실시간 음성 또는 텍스트 채팅, 화면 공유 등의 기능을 지원한다. 따라서 원격 팀 회의, 가상 이벤트, 온라인 소통 등 다양한 분야에서 활용되고 있다.

로블록스

로블록스^{Roblox}는 온라인 게임 플랫폼이다. 이용자들은 이 플랫폼을 통해 다양한 게임을 플레이할 수 있고, 자신만의 게임을 만들어 공유할 수도 있다. 또한 교육, 예술, 디자인 분야에서도 활용되고 있다. 로블록스는 무료로 플레이할 수 있는데, 게임 내 의상 등 여러 아이템을 구매할 때 로벅스^{Robux}라는 가상화폐를 사용한다. 2006년에 출시된 로블록스는 2019년 발생한 코로나19 대유행 시기에 크게 성장했으며, 2021년 3월 뉴욕증시에 상장했다.

ASF

ASF는 혁신과 기술의 미래에 대해 연구하고 분석하는 비영리 기관이다. 미래학자 존 스마트John Smart가 캘리포니아주 산페드로에 설립했다. 인프라, 미디어, 비즈니스 등 다양한 분야에서 기술 발전의 영향과 기회를 조사하여 향후 미래에 대한 예측과 가이드라인을 제공하고 있다.

디센트럴랜드와 더 샌드박스

디센트럴랜드Decentraland와 더 샌드박스The Sandbox는 블록체인 기술을 기반으로 한 가상현실 플랫폼으로서, 이용자들이 자유롭게 가상세계를 탐험하고 그 곳에 거주할 수 있다. 이 플랫폼에서 이용자들은 가상 자산을 구매하거나 판매할 수도 있다. 주요 차이점은 디센트럴랜드는 이더리움 블록체인 위에서 실행되는 반면, 더 샌드박스는 자체 블록체인을 이용하고 있다는 점이다.

12화

가상세계를 창조하는 XR 기술

요즘 어린이 박물관의 체험실에 가면 이런 게 있다.

A4 용지 위에 동물 색칠하기 도안이 그려져 있다.
아이들은 이것을 하나씩 가져가 색칠할 수 있다.

그렇게 완성한 그림을 스캐너 위에
올려놓으면 스캔이 시작된다.

그러면 얼마 뒤 그림이
바로 옆 스크린 위에서 움직인다.

조금 전까지 종이 위에 정지해 있던 그림이
가상세계에서 생동감 있게 움직이는 것이다.

이번에는 박물관의 전시실로 이동해 보자.
스마트폰 앱을 실행해 전시물을 비추면
화면에서 그 전시물과 관련된 영상이 나온다.

모두 증강현실을 이용한 전시다.

근래에는 VR, AR, MR과 같은
가상현실 기술 전체를 일컬어 XR이라 부르고 있다.

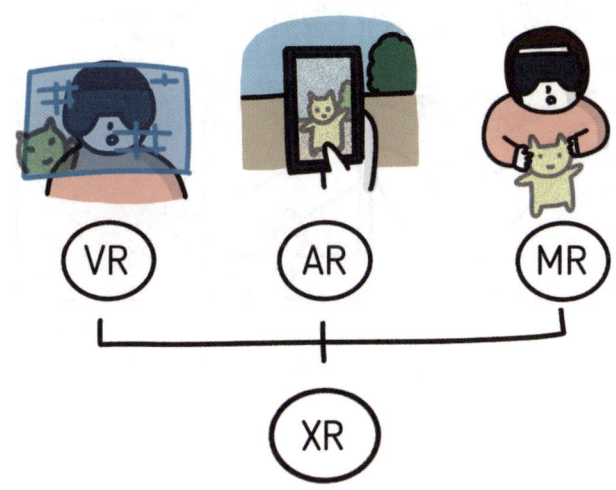

"XR이 낯선가요? XR은 미국 오리건주 비버턴에 본사를 둔 비영리 산업체 컨소시엄으로 로열티가 없는 개방형 기술 표준을 연구하는 크로노스 그룹에서 2017년 3월 업계 표준 이름을 '오픈 XR'이라 부르면서 널리 사용되기 시작했어요."

투머치 쏟또 등장

XR 중에 우리에게 친숙한 것으로는 '포켓몬 고' 게임이 있다.

카메라를 들면 현실을 담은 화면에
몬스터들이 등장하고, 이들을 잡을 수 있다.

'스노우' 앱처럼 셀카 얼굴 위에
다양한 효과를 입혀 주는 기술도 있다.

이들 앱이 스마트폰을 이용한 확장현실이라면,
XR을 위한 전용 장비들도 있다.

2011년에 공개되었던 구글 글래스에 이어
2020년 MS는 홀로렌즈2를 출시했다.

홀로렌즈2의 가격은
우리 돈 550만 원으로
상당히 비싸다.

출시 초기에는 B2B로만
판매했지만 현재는
일반 소비자도
인터넷 쇼핑몰에서
쉽게 구할 수 있다.

홀로렌즈의 쓰임은 이렇다.
건설 현장에서는 홀로렌즈2를 끼고 건물 내부와
외부의 완공된 모습을 미리 살펴볼 수 있다.

홀로렌즈 착용 전

홀로렌즈 착용 후

이를 통해 건설할 곳에 대한 이해도를 높이고,
설계상 하자 등을 미리 잡아낼 수 있다.

제조업 공장에서는 사용 중인 기계 내부를 가상으로 투사해 살펴보며 편리하게 유지·보수할 수 있다.

또한 미군은 이미 MS 홀로렌즈2 12만 대를 구입해 전투 훈련을 하고 있다.

여기선 오큘러스를 인수한 메타도 빠질 수 없다.

"오큘러스는 XR 기기 제조 회사로 VR 게임 점유율이 가장 높은 회사예요."

메타는 2021년 페이스북 메신저를 읽고 보내고, 음성 통화 및 60초 영상 촬영이 가능한 스마트안경 '레이밴스토리(Ray-Ban Story)'를 출시했다.

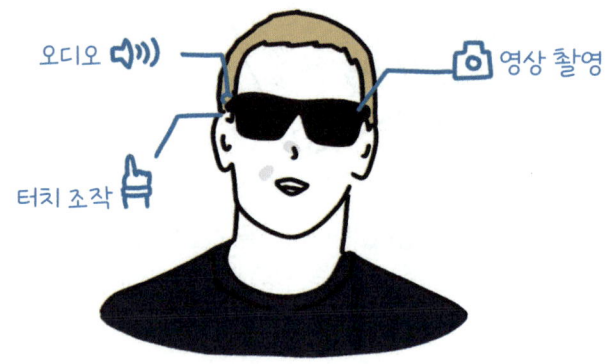

자사 제품 홍보 중인 사장님.jpg

이처럼 현재 메타버스 관련 기기는
산업, 게임 등 분야에 주로 쓰이고 있으나

조만간 일상으로 침투할 가능성이 있다.

언제??

질문 해석 =
그래서 언제 메타버스 테마주에 올라타야 하나요?

그 시점은 애플이
메타버스 기기를 내놓는
시점이 될 거라 생각하는
사람들이 많다.

언제긴 언제야.
이 몸이 등판할
때지!

역시 미장
시총 1위에 빛나는
갓플의 힘인가?

미장: 미국 주식시장
시총: 시가총액
갓플: 애플

JP모건 또한 애플이 합류하는 시점부터
메타버스는 진짜 현실이 될 것이라고 보았다.

애플은 아이폰, 아이패드, 에어팟 등 퀄리티 높은 제품을 내놓으며
시장을 넓히고 장악하는 모습을 보여 주고 있기 때문이다.

2023년 2분기 애플이 새로운 메타버스 디바이스인
'리얼리티 프로(Reality Pro)'를 내놓을 거라 예상이 되는데…

이는 메타버스의 완전한 게임 체인저가 될 수 있다.

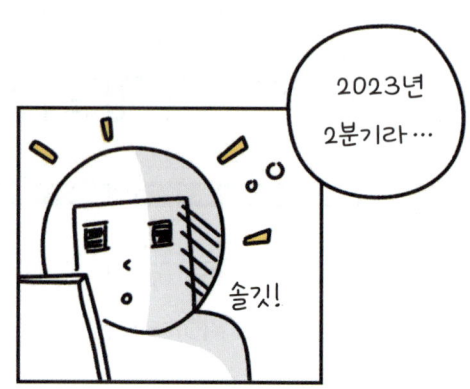

이처럼 많은 기업이 저마다 시장을
선점하기 위해 여러 XR 기기를 내놓고 있다.

따라서 XR 기기로 할 수 있는 콘텐츠도
점차 다양해질 것이다.

이러다가 사람들이 에어팟을 하나씩 들고 있는
것처럼 XR 기기를 하나씩 들고 있는 세상이
곧 오지 않을까?

VR 기기

VR$^{Virtual\ Reality}$ 기기는 사용자가 가상 환경에서 생생한 경험을 할 수 있도록 도와주는 장치다. VR 기기는 헤드마운트 디스플레이$^{Head\ Mounted\ Display,\ HMD}$(머리에 착용하여 눈앞의 영상을 볼 수 있도록 한 디스플레이 장치), 컨트롤러, 센서 등으로 구성되며, 보행, 시선, 손동작 등 사용자의 동작을 인식하여 가상 환경에서 상호작용을 가능하게 한다. VR 기기를 사용하면 건축 디자인, 게임, 영화, 교육 등에서 가상 환경을 이용해 실감 나는 경험을 할 수 있다.

AR 기기

AR$^{Augmented\ Reality}$ 기기는 실제 환경에 컴퓨터 그래픽 가상 정보를 추가하여 새로운 환경을 만들어 내는 기기다. 모바일 기기, 태블릿, 스마트워치, AR 글래스 등 다양한 형태로 개발되고 있으며, 마치 실제 세계에 가상의 물체가 존재하는 것처럼 보이도록 해 이용자가 실제 환경과 가상 환경이 결합된 새로운 경험을 할 수 있다. 교육, 게임, 미디어 콘텐츠, 건축, 상업 등 다양한 분야에서 활용되고 있다.

VR 기기와 AR 기기의 차이

두 기기 모두 사용자가 가상 환경을 경험할 수 있는 장치이지만 방식은 각기 다르다. VR 기기는 사용자를 가상 환경으로 완전히 감싼다. 사용자는 VR 기기의 헤드마운트 디스플레이를 착용하여 현실 세계와 구분된 가상 환경을 경험하게 된다. 반면, AR 기기는 사용자가 실제 환경과 가상 환경을 결합한 환경을 경험할 수 있도록 한다. AR 기기는 카메라, 디스플레이 등을 사용하여 실제 환경에 가상 정보를 추가하여 표시한다. 사용자는 현실 세계에서의 경험에 가상 정보를 추가하여 확장된 경험을 하는 것이다. 즉, VR 기기는 가상의 새로운 세계를 경험하는 것을 목적으로 하지만, AR 기기는 실제 세계에서의 경험을 보완하거나 확장하는 것을 목적으로 한다.

MR 기술

MR^{Mixed Reality}은 VR과 AR의 중간에 위치하는 기술로, 가상 요소와 현실 요소가 섞여 있는 환경을 만든다. VR의 완전한 가상 환경과 AR의 현실과 겹친 가상 요소를 결합한 것을 말한다.

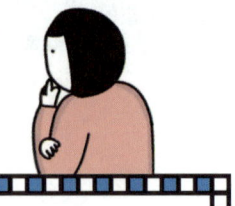

13화

대체 불가능한 가치, NFT

NFT는 Non-Fungible Token의 약자로
한국말로는 '대체 불가능한 토큰'이라 한다.

"개발자의 이름 짓기는 이런 건가!
범상치 않아…."

이과 느낌 풀풀

'대체 불가능한 토큰'의 의미를 알아보자.

"먼저 '토큰'에 대해
얘기해 볼까요?"

PART 3. 현실과 가상을 넘나드는 경제 생태계

토큰은 블록체인에서 발행되는 디지털 자산이다.

다음 '대체 불가능한'.
이건 '대체 가능한'의 의미를
생각해 봐야 한다.

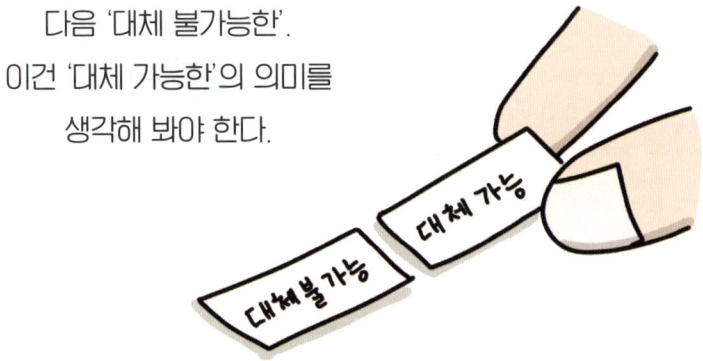

'대체 가능한'은 교환해도
차이가 없는 것을 의미한다.

5만 원권 지폐는 다른 5만 원권 지폐와 동일하다.

 =

1비트코인은 다른 사람이 가진 1비트코인과 동일하다.

이것이 대체 가능한 토큰
'Fungible Token'

…때가 되었다.

NFT를 설명할 때…!

루브르 박물관에 있는 〈모나리자〉는
레이나 소피아 미술관에 있는 〈게르니카〉와 같지 않다.

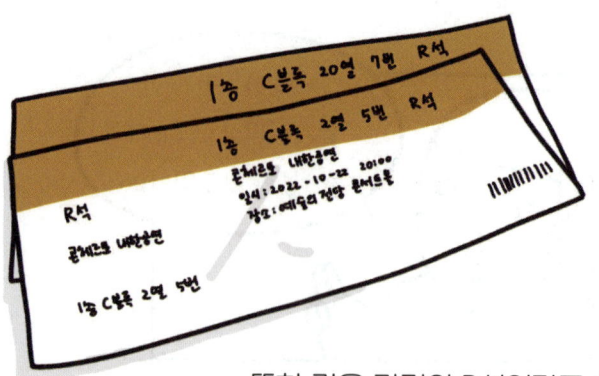

또한 같은 가격의 R석이라고 해도,
예술의 전당 맨 앞열 티켓과 맨 뒷열 티켓은 같은 게 아니다.

한마디로, 이렇게 서로 대체할 수 없는 속성을
디지털상으로 구현한 것이 대체 불가능한 토큰이다.

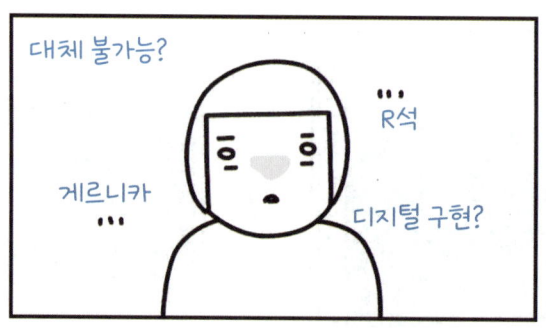

그게 어떻게 가능하다는 건지…

먼저 디지털 자산을 동전으로 생각해보자.
그리고 동전 위에 그림을 그려서
판매한다고 생각하면 간단하다.

동전 위에 그림을 그린다!

만약 동전 위에 김환기 화백이 그림을 그렸다면,
그 동전의 가치는 얼마일까?

김환기 화백은 우리나라를 대표하는 서양화가로 그의 작품은 한국 미술 경매 최고가를 자체 갱신하고 있음!

깨알 깨알

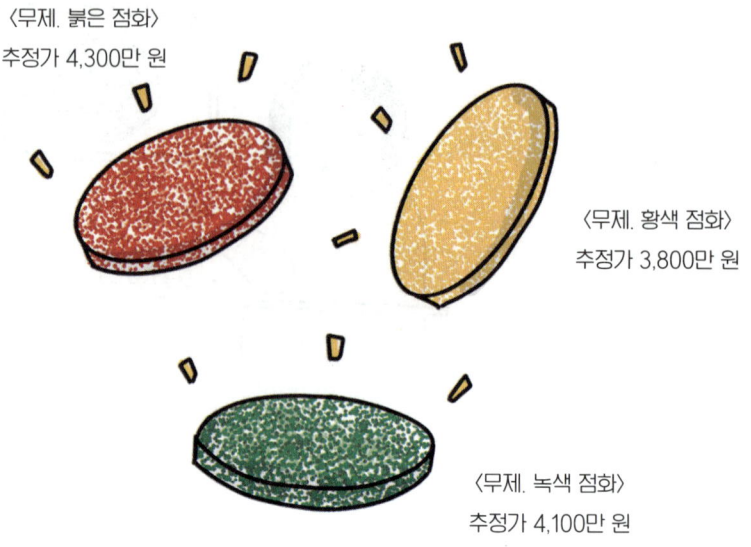

동전 위에 그림이 저마다 다르니
당연히 NFT의 가치도 저마다 달라진다.

〈무제. 붉은 점화〉
추정가 4,300만 원

〈무제. 황색 점화〉
추정가 3,800만 원

〈무제. 녹색 점화〉
추정가 4,100만 원

NFT를 부동산 등기부등본이라 생각해 볼 수도 있다.
토지와 건축물이 저마다 다른 특징을 갖는 것처럼,

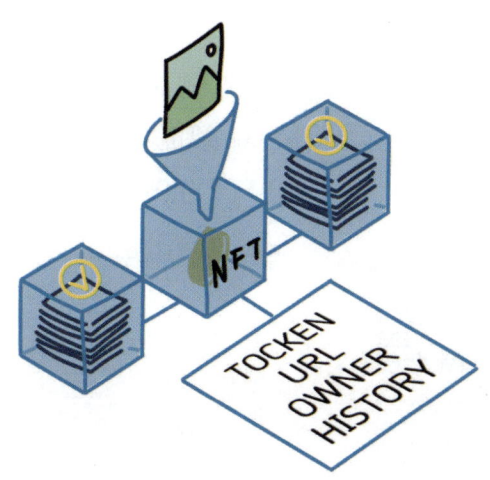

NFT 역시 저마다 다른 특징과
가치를 갖는다.

PART 3. 현실과 가상을 넘나드는 경제 생태계

부동산 등기부등본에는 소유권 보존등기(신규 등록)부터 이전등기(거래)까지 정보가 기록되는데,

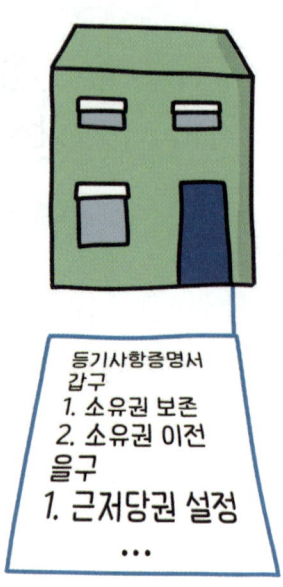

이처럼 NFT는 누가 언제 얼마나 발행했는지, 누구와 언제 얼마에 거래했는지 등 모든 기록이 남는다.

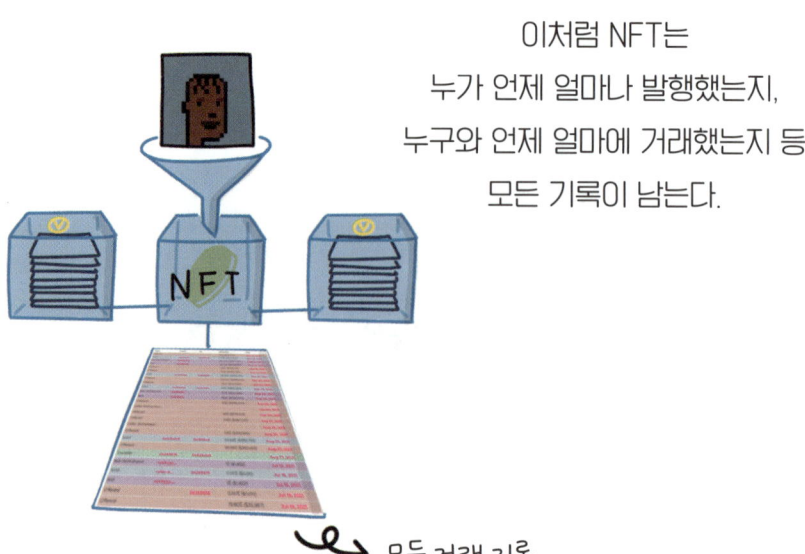

모든 거래 기록

미술품에도 등기부등본 같은 게 있다.
미술품을 소장했던 컬렉터가 누구인지,
어떤 전시에 출품했는지 등을 확인할 수 있는 것으로

이를 프로비넌스(Provenance)라 부른다.

미술품은 위작이 많기 때문에, 작품의 진위를 확인하기 위해서는 소장 이력이 매우 중요해요.

부동산과 등기부등본, 미술품과 프로비넌스처럼
실물 자산과 소유권 기록 시스템을 디지털 세상으로 옮겨 와서

디지털 파일에 대한 소유권을
인증하고 기록하는 시스템이 바로 NFT다.

딸이 그린 그림 NFT로
발행하는 중…

이와 같이 NFT는 작품과
작품에 대한 정보(소장 이력을 포함)를 담고 있다.

게다가 NFT는 모든 정보를 투명하게 공개하기 때문에
누구나 온라인에서 이를 열람할 수 있다.

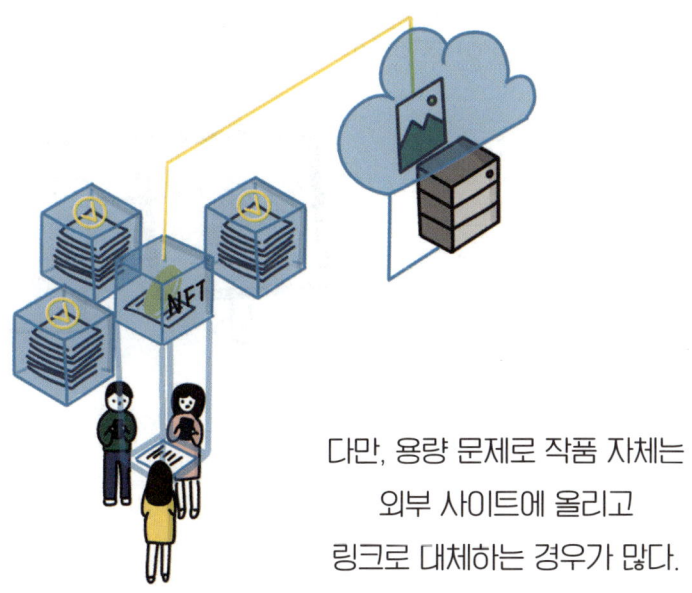

다만, 용량 문제로 작품 자체는
외부 사이트에 올리고
링크로 대체하는 경우가 많다.

내가 사려는 NFT가 국내 유명 NFT 아티스트
'미스터 미상'의 작품이 맞는지 궁금한가?
그럴 땐 발행 내역을 보면 된다.

발행한 계정(지갑 주소)을 살펴보면,
'미스터 미상'의 계정이
맞는지 알 수 있다!

그리고 누가 소장했는지 그 이력도
하나하나 확인할 수 있다.

영국의 대표 사전 중 하나인 콜린스는
NFT를 "2021 올해의 단어"로 선정하며,

"블록체인에 등록된 고유한 디지털 인증서로
예술 작품이나 수집품과 같은 자산의 소유권을
기록하는 데 사용된다"고 정의했다.

과거에는 디지털 파일의 복사본과 원본의
차이를 두는 게 거의 불가능했다.

그러나 NFT는 해당 디지털 파일이 원본임을 증명해 준다.
따라서 NFT는 디지털 소유의 개념을 바꾸었다고 평가받는다.

나도 이제 백억 부자!

"NFT를 발행했다고 할 때 이를 '민팅한다'고 쓰는 경우가 많아요."

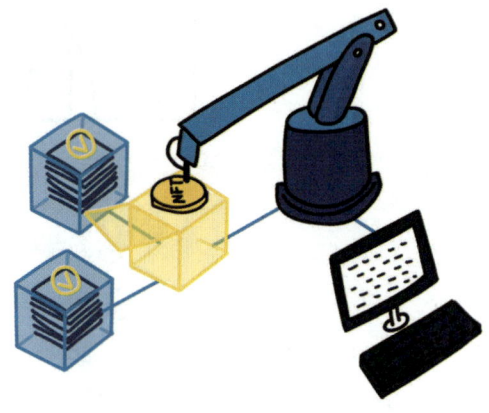

"Mint에 토큰을 '주조한다'는 뜻이 있어 NFT 발행 역시 '토큰 주조'라는 의미로 민팅이라 표현하는 거예요."

결론: 이과 드립이었다.

그런데!

NFT를 왜 구매하는 걸까?
사람들이 NFT를 구매하는 데에는 다양한 이유가 있다.

첫 번째   수집 욕구

한마디로 모으고 싶어서.
미술품, 포켓몬 스티커, 우표, MLB 카드, 유희왕 카드, 스니커즈,
축음기, 화폐, 수석 등의 수집도 여기에 해당한다.

두 번째 투자 목적

구매한 다음 더 비싸게 팔기 위해서다.

세 번째 호기심과 재미

궁금해서 혹은 자신의 부를 플렉스하기 위해서다.

엄지 레이다 쏠 피셜

네 번째   NFT의 사용 가치

게임 아이템, 도메인, 입장권, 멤버십 등
여러 쓰임새가 있다.

 다섯 번째   특별한 의미

그럼, NFT 마켓에서 가장 큰 시장을 형성하고 있는 미술 세계를 한번 보자.

사실 예술 세계는 점점 복잡해져서 '예술이 무엇인가'에 대한 논란이 끊이지 않고

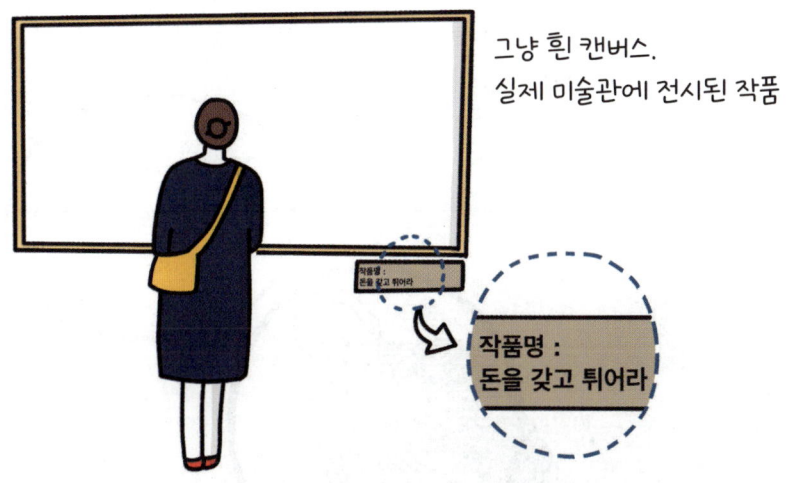

예술의 경계 역시 무한히 확장되고 있다.

이를테면, 레디메이드 예술을 선보인
마르셀 뒤샹!

1887년 프랑스에서 태어난 뒤샹은 일상적인 사물을
조금 변형한 물건도 작품이 될 수 있다고 선언했다.

1917년 뒤샹은 남성용 소변기를 구입해
리처드 머트라는 이름으로 사인을 하고

6달러만 내면 누구나 출품할 수 있는
독립미술가협회 전시회에 작품으로 내놓았다.

그러나 독립미술가협회는 뒤샹의 작품을
별다른 논의 없이 전시에서 제외했다.

작품 전시를 거절당한 뒤샹은 《블라인드 맨(The Blind Man)》 잡지에
'리처드 머트 씨의 사례'라는 제목으로 자신의 입장을 발표했다.

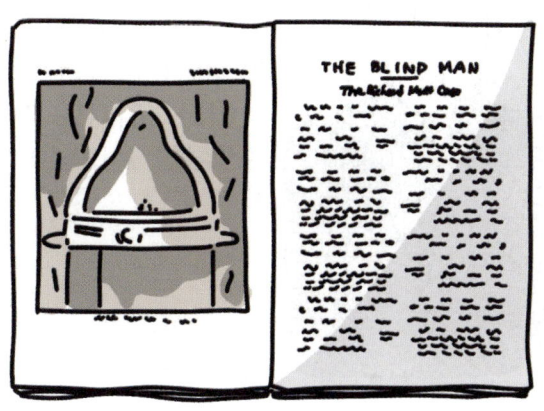

뒤샹… 당신은 혹시?

재기 발랄한 활동가 뒤샹

"6달러만 지불하면 누구나 출품할 수 있는 전시회에 리처드 머트 씨의 작품은 아무런 이유 없이 거절을 당했다. 어떤 사람들은 리처드 머트 씨가 이것을 만들지 않았기 때문에 작품이 될 수 없다고 한다. 그런데 그가 이것을 만들었건 아니건 그건 전혀 문제가 아니다. 중요한 것은 그가 이것을 선택했다는 것이다. 리처드 머트 씨는 이 오브제에 새로운 관점을 불어넣어 주었다!"

부캐(리처드 머트 씨)를
열심히 변호하는 중인 뒤샹

그리고 이때가 바로, 개념미술이 탄생한 순간이었다.

영국 미술가 500명은
'지난 100년간 후대에 가장 영향을 많이 끼친
20세기 작품'으로 뒤샹의 〈샘〉을 꼽기도 했다.

뒤샹은 그 후 〈샘〉 복제품을 27점 정도 제작했는데,

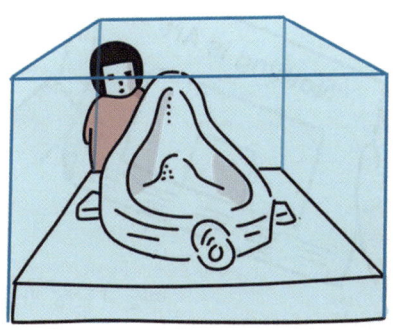

1999년 소더비 경매에서
여덟 번째 에디션(1964년 작)이 200억 원에 판매되었다.

예술의 역사를 보면, 뒤샹 같은 예술가가 등장해
"이것이 예술이 될 수 있을까?" 질문을 던진다.

처음에는 반감을 사고
거부당하지만,

예술의 탄생 과정(작가 주작)

나중에는 "그것도 예술이다" 하고 인정받는다.
그리고 그런 과정이 반복된다.

↳ 그렇다.

여기서부터는 실화임.

실제로 데미안 허스트의
〈스폿 페인팅(spot painting)〉은
조수가 그린 작품이다.

데미안 허스트

바로 마우리치오 카델란의 〈코미디언(Comedian)〉이라는 작품이다.
심지어 12만 달러에 판매되었다.

어쩐지 킹받네…

미술관에서 작품을 구경하던 행위 예술가인
데이비드 다투나는 배가 고프다며
바나나를 뜯어 먹기도 했다.

그러자 미술관에서는 작품이 사라진 것은 아니라며
태연히 다른 바나나를 걸어 전시했다.

작품을 구매한 사람 역시 3일마다 바나나를 갈아 주며,
12만 달러에 구입한 예술품을 잘 보전했다.

그가 구입한 것은 바나나와 박스 테이프가 아니었다.

그가 받은 것은 '진품임을 증명하는 증명서와 바나나 설치 방법,
전시 방법에 대한 14쪽짜리 설명서'였다.
원본임을 증명하는 인증서가 바로 거래의 핵심이었다.

세상에는 다양한 예술이 있다.
그리고 NFT도 그중 하나로 볼 수 있다.

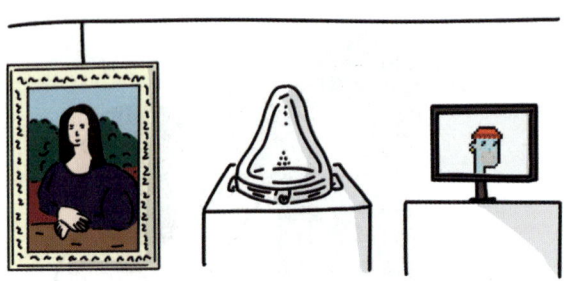

게다가 NFT는 예술을 담는 그릇으로만 사용되지는 않는다.
NFT는 디지털화된 모든 것을 담을 수 있을 것이다.

개념미술

개념미술은 작품 뒤에 있는 아이디어나 개념을 강조하는 새로운 운동이었다. 1950년대 말과 1960년대 초에 등장했으며, 예술 창작에 언어, 아이디어 및 기타 비예술적인 재료의 사용 가능성을 탐구함으로써 회화, 조각 같은 전통적인 예술 형식에 도전하고자 했다. 개념예술가들은 예술과 사회의 관계를 탐구하는 데 관심이 있어 작품으로 사회적·정치적인 문제를 논평하기도 했다.

MZ 세대

1981년~1996년에 태어난 밀레니얼 세대와 1997년~2010년에 태어난 Z세대를 합쳐 MZ 세대라 부른다. 밀레니얼 세대는 글로벌 세대이며, 인터넷 시대에 성장한 첫 세대로 묘사된다. 인터넷, 모바일 기기, 소셜 미디어에 친숙하다. 이러한 이유로 디지털 원주민이라 불리기도 한다. Z세대는 대부분 X세대의 자녀다.

알파 세대

알파 세대란 2010년대 초반부터 2020년대 중반에 태어난 세대를 가리킨다. 이들은 인터넷과 디지털 기술이 보편화된 환경에서 자란 디지털 네이티브Digital Native로서 디지털 역량이 뛰어나다. 스마트폰, 태블릿, 스마트워치 등의 모바일 디바이스를 기본적으로 사용하는 것은 물론, 유튜브, 페이스북, 인스타그램, 틱톡 등의 온라인 플랫폼에서의 활동을 즐기며 새로운 디지털 경험을 폭넓게 받아들인다.

14화

블록체인 기술이 이끄는 새로운 경제

이번에는 NFT가 어떤 특징을 가지고 있는지
좀 더 자세히 들여다보자.

NFT 기술의 특징 첫 번째, 탈중앙화

NFT는 중개인 없이 창작자와
구매자를 직접 연결한다.

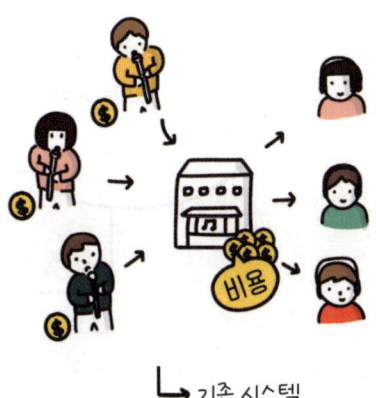

블록체인을 통해 제3의 기관을 거치지 않고
창작자와 구매자를 바로 연결하는
시스템을 구축하는 것.

↳ NFT 시스템

두 번째 특징, 신뢰성

그림을 갤러리나 경매에서 구매할 때에는 그림이 원본인지에 대한 검증이 필요하다.

그렇기 때문에 작품의 검증 비용이 발생할 수밖에 없다.

그러나 NFT는 작가의 계정에서 생성된 것을 직접 확인할 수 있기 때문에 원본임이 입증된다.

세 번째 특징, 투명성

NFT에서는 작품의 발행, 거래, 보유 이력, 거래 금액 등이 모두 투명하게 공개된다.

어느 정도로 투명하게 공개되어 있냐면….

우리나라 부동산 국토교통부 실거래가 공개시스템 이상으로 투명해요.

네 번째 특징, 보안성

블록체인 자체의 해킹이 어려워,
작품과 작품 이력이 안전하게 보호받는다.

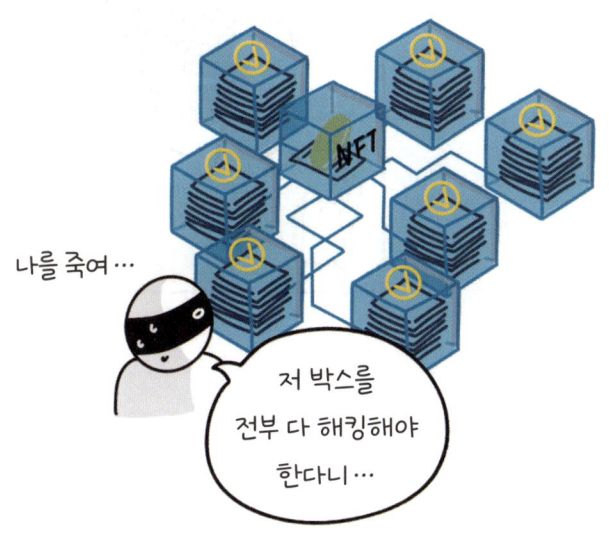

다섯 번째 특징, 익명성

누구나 개인정보 입력 없이 지갑을
만들 수 있어 익명성이 보장된다.

즉, 창작자와 구매자의 지갑은 투명하게 공개되지만,
지갑이 누구의 소유인지는 공개되지 않는다.

아직도 정체가 밝혀지지 않은
비트코인 창시자

일화로, 자신이 NFT 컬렉터인
코조모 드 메디치라고
미국 래퍼 스눕 독이 직접 밝히기 전까지는

그 누구도 스눕 독인지 알지 못했다.

여섯 번째 특징, 변제의 최종성

그동안 웹에서 보여지는 숫자는 실제 가치가 아닌 표시된 가치일 뿐이었다.

은행 앱 속에 찍힌 잔고는 진짜 돈이 아니라는 것!

실제 내가 보유한 물리적 실체가 있는 돈을
디지털 숫자로 표시해 주는 것뿐이다.

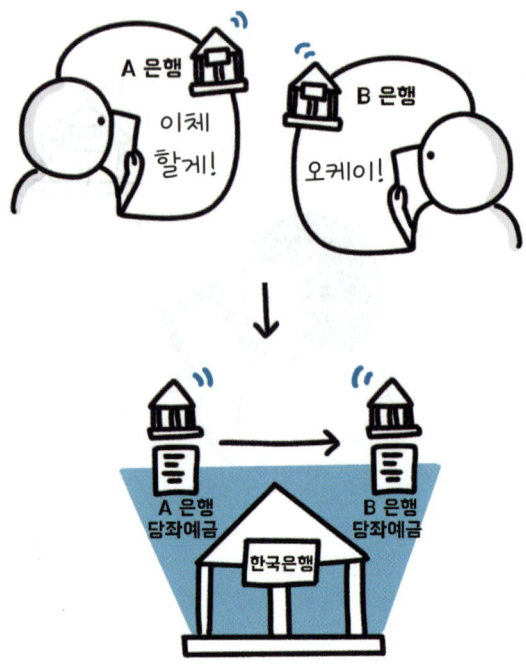

내가 친구에게 돈을 보내면, 숫자는 전송되지만
나중에 실제로 돈이 전달되는 과정이 일어나야 한다.

미처 몰랐던 사실

그러나 블록체인으로 만들어진 암호화폐는
온라인을 통해 전송하는 즉시, 실제 가치가 전송된다.

 "이를 '변제의 최종성'이라 해요."

NFT 역시 디지털 자산으로서 실제 가치를 지닌다.

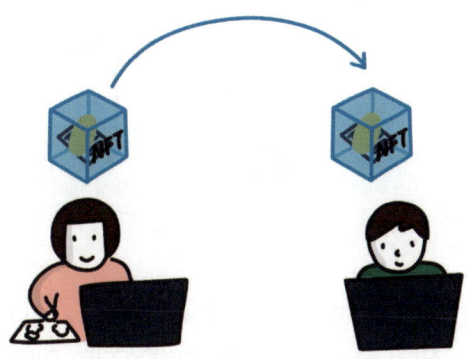

그 자체가 고유한 원본이고,
NFT를 전송하면 원본과 함께 가치가 전달된다.

또한 NFT는 창작자에게 더 큰 권한을 준다.

일단 기뻐하고 보는 창작자 ㄴ씨

창작자와 소비자 사이에 어느 매개체가 있으면
그 중간 플랫폼이 큰 힘을 가지는 경우가 많다.

미술의 경우 갤러리와 경매소가 권한을 가지고,
음악은 음악 플랫폼들이 권한을 가지고 있다.

일례로 음원의 스트리밍 수익 구조를 살펴보면,
우리가 스트리밍으로 한 곡을 들을 때 그 곡에 7원이 돌아가는데,

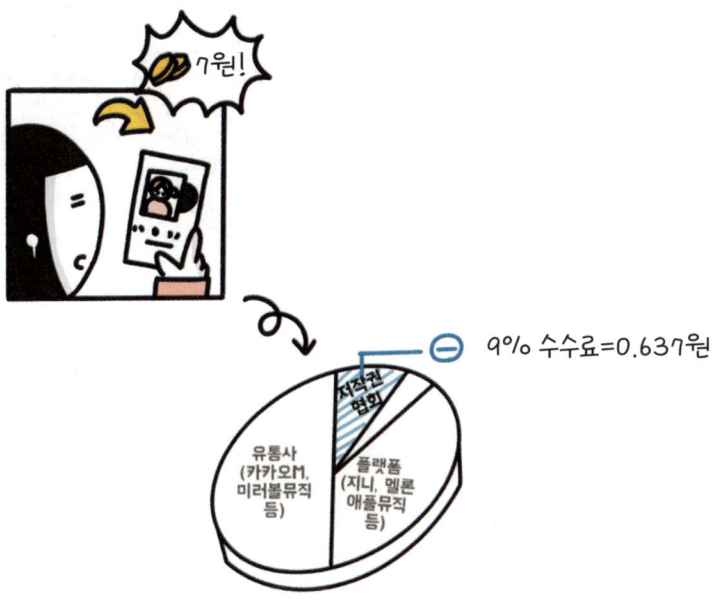

그중 35%는 음악 플랫폼에 돌아가고, 49%는 유통사에 간다.

10%인 0.7원만이 한국저작권협회로 전달되는데,
그중 9% 수수료를 제하고 0.637원만이 저작권자에게 전달된다.

여기서 작사와 작곡이 다르면 이를 반씩 나누어 갖는다.
그리고 노래를 부른 사람에게는 0.336원이 돌아간다.

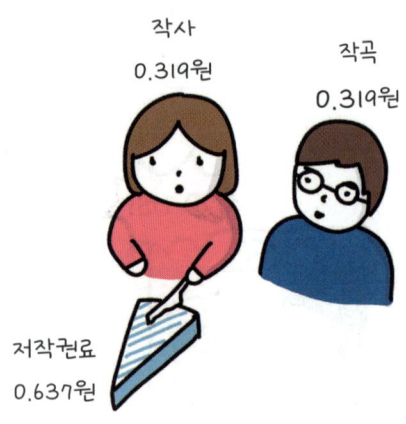

"한 곡당 영쩜 몇 원? ㄷㄷ"

물론 창작자와 청취자를 연결하는 중간 사업자는
나름의 필요한 역할을 하기에 존재한다.

그러나 창작자와 청취자가 직접 연결된다면
중간 수수료 역시 줄어들 수 있을 것이다.

중간 수수료가 줄어들면,
청취자가 지불하는 비용은
창작자에게 더 많이 돌아갈 수 있다.

이 경우 창작자는 수익이 늘어 창작에 더 집중할 수 있고,
그 보답으로 청취자는 보다 양질의 음악을
들을 수 있게 될 것이다.

그럼, 기업과 창작자가 NFT를 어떻게 활용하고 있는지 알아보자.

현재까지 NFT 시장은 컬렉터블 NFT가 가장 큰 비중을 차지하고 있다.

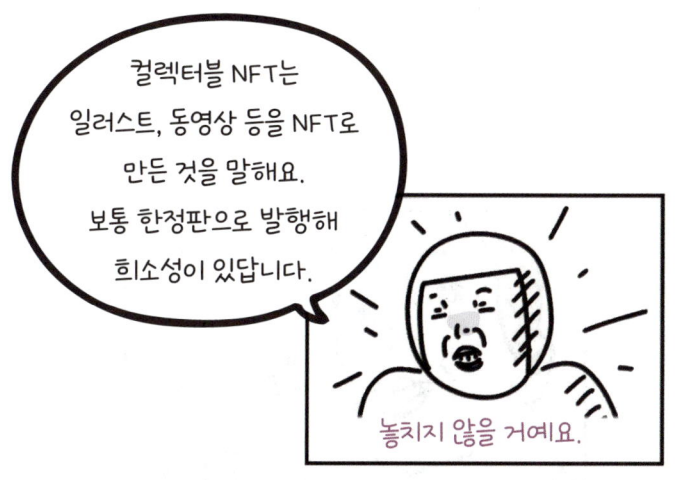

대표적으로는…
트위터 창립자 잭 도시가 자신의 첫 트윗을
NFT로 제작해 32억 원에 판매한 사례다.

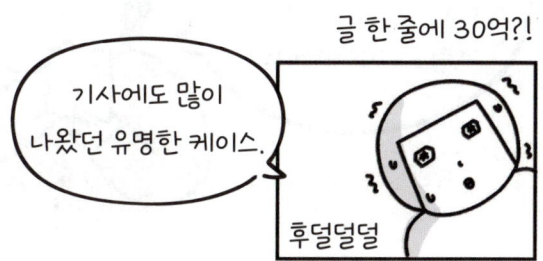

미국에서는 트레이딩 카드가 많이 판매되는데,
특히 MLB나 NBA 등 스포츠 카드가 많다.

그리고 이를 NFT로 제작해 판매하며 큰 인기를 누렸다.

트레이딩 카드는 포켓몬 스티커처럼 수집하고 교환하는 카드를 말해요. 사이즈는 일반적으로 트럼프 카드만 합니다.

NBA 톱샷(NBA Top Shot)이 그 시작이다.

NBA 톱샷은 2020년에 시작된 카드 수집 게임으로,
예전부터 있던 실물 카드 수집 게임을 디지털로 옮긴 것이다.

짧은 플레이 영상이 담긴 NBA 카드는
높은 가격에 거래되었는데,

LEBRON JAMES

Dunk.Feb 6 2020
From the Top (Series1)
Legendary /59

$210,000.00 USD
Top sale

49장 발행된 르브론 제임스의 덩크 장면 카드는
경매를 통해 21만 달러에 거래되었다.

 두 번째, **티켓&멤버십**

블록체인, 암호화폐 분야에서 별다른 활동을 하지 않던 기업도

NFT에는 눈을 반짝이며 참여하고 있다.

즉, NFT를 티켓과 멤버십으로 활용하는 기업이 늘고 있다.

대표적으로 스타벅스는 2022년 말
폴리곤 네트워크 기반의 NFT를 발행했다.

"폴리곤은 9화에서 소개했어요."

'스타벅스 오디세이'라는 서비스에서는
커피와 스타벅스에 대한 지식을 설명한다.

고객은 이와 관련된 게임과 활동을 하고,
미션을 완수하면
NFT 스탬프를 받는다.

NFT 스탬프는 희소성에
따라 가치가 달라지고,
마켓에서 회원들이
스탬프를 사고팔 수도 있다.

"스탬프를 모아서 뭘 할 수 있길래?"

"'가상 에스프레소 마티니 만들기 수업'
'스타벅스 리저브 로스터리 독점 행사 초대'
'코스타리카 커피 농장 체험'과 같은
다양한 혜택을 누릴 수 있게 돼."

세 번째, 게임

NFT는 게임 분야에서도 활용된다.

그동안 게임 아이템은 게임 안에서만 거래되었고, 발행량이나 소유자와 같은 정보는 공개되지 않았다.

하지만 아이템들이 NFT로 발행되면서 정보가 투명하게 공개되기 시작했다.

'엑시 인피니티'는 게임을 하면서
　돈을 버는 P2E 방식으로,

게임을 통해 얻은 NFT와 코인을
판매해 돈을 벌 수 있다.

참고로, 우리나라에서
P2E 게임은
유통이 금지돼 있어요.

메타버스의 디지털 부동산을 NFT로 만든 곳도 있다.

디센트럴랜드와 더 샌드박스, 어스2 등에서는
픽셀 단위로 땅을 구매하고 거래할 수 있다.

네 번째,
현실자산 보증서

LVMH, 까르띠에, 프라다는 컨소시엄
'아우라(Aura)'를 설립해 블록체인으로
제품 이력을 관리하고,
NFT 보증서를 발행할 계획이다.

제품에 적힌 고유 태그를 입력하면,

앱을 통해 해당 상품의 제조일자와
제조처 등의 정보가 담긴 NFT 보증서의
내용을 확인할 수 있다.

기업들의 이러한 다양한 활용에도 불구하고
NFT 발행 계획 때문에 불매 운동이 벌어진 곳도 있다.

바로 하이브 엔터테인먼트다.

BTS 소속사인 하이브는
두나무와 손잡고 2021년 11월
NFT 사업 진출을 선언했다.

NFT 발행에 반대하는 팬들은 회사가 아티스트를
지나치게 상품화하고 있으며,

그동안 BTS가 지구온난화 등 환경 문제에 관심을
가져온 것과 상반되게 환경에 악영향을 끼치는
NFT를 발행한다는 이유로 불매 운동을 벌였다.

NFT 발행과 거래에 상당한 전력이 소모되는데,
이는 근본적으로 비트코인과
이더리움의 채굴 문제에서 기인한 것.

> 덧붙인 설명!

지금은 이더리움의 채굴이 사라져
NFT에 사용되는 에너지가
많이 줄어들었어요.

> 덧붙인 결론!

기업의 특성을 고려하고,
일회성에 그치는 것이 아니라 지속적인
관리를 할 수 있을 때 NFT를
발행하는 것이 좋다.

더 알아보기

대퍼랩스

대퍼랩스Dapper Labs는 블록체인 기반의 고양이 육성 게임인 크립토키티CryptoKitties를 개발한 회사로 2018년에 설립되었다. 본사는 캐나다 밴쿠버에 있다. 블록체인과 NFT 기술을 전문으로 하며, NFT를 지원하는 플로우Flow라는 자체 블록체인을 개발했다.

민팅 방법

NFT를 직접 민팅하기 위해서는 다음과 같은 절차를 거쳐야 한다. 여기에서는 이런 절차들이 있다는 정도만 이해하고, 실행에 옮길 경우에는 상세한 글이나 영상을 찾아 학습 후 진행하는 것이 좋다. 플랫폼별로 방법이 다르므로, 세계 최대 플랫폼인 오픈씨OpenSea를 기준으로 간단하게 설명한다.

① 국내 거래소에 가입해서 이더리움 또는 매틱Matic을 구매한다(자신이 올릴 플랫폼을 정하고 그에 필요한 코인을 구입해야 한다).
② 개인 지갑으로 쓸 수 있는 메타마스크에 계정을 만든다(오픈씨에서는 메타마스크를 지원하지만 다른 플랫폼에서는 다른 지갑이 필요할 수 있다).
③ 국내 거래소에서 구입한 코인을 메타마스크 계정으로 전송한다.
④ 이제 메타마스크 계정으로 오픈씨에 로그인한 다음, 제작한 NFT를 발행(민팅)하고 판매할 수 있다. 구입한 코인은 NFT를 발행할 때 수수료로 쓰인다.

NFT 발행과 환경 문제

NFT는 환경 문제로 논란이 되었다. NFT 발행 작업에는 많은 컴퓨팅 파워와 에너지가 필요하고, 이는 화석 연료를 사용해 유지하기 때문에 온실가스 배출에 대한 우려가 있던 것이다. 이와 같은 이유로 이더리움은 2022년 합의 알고리즘을 PoW 방식에서 PoS 방식으로 바꾸어 전력 소비량을 대폭 줄였다.

그러나 비트코인은 여전히 PoW 방식을 사용하고 있으며, 비트코인 네트워크가 소비하는 전력은 연간 약 137테라와트시^{TWh}로 우크라이나 또는 스웨덴 전체에서 사용하는 전력 소비량보다 더 많다.

PART 4.
빅테크 기업의 미래 먹거리 전쟁

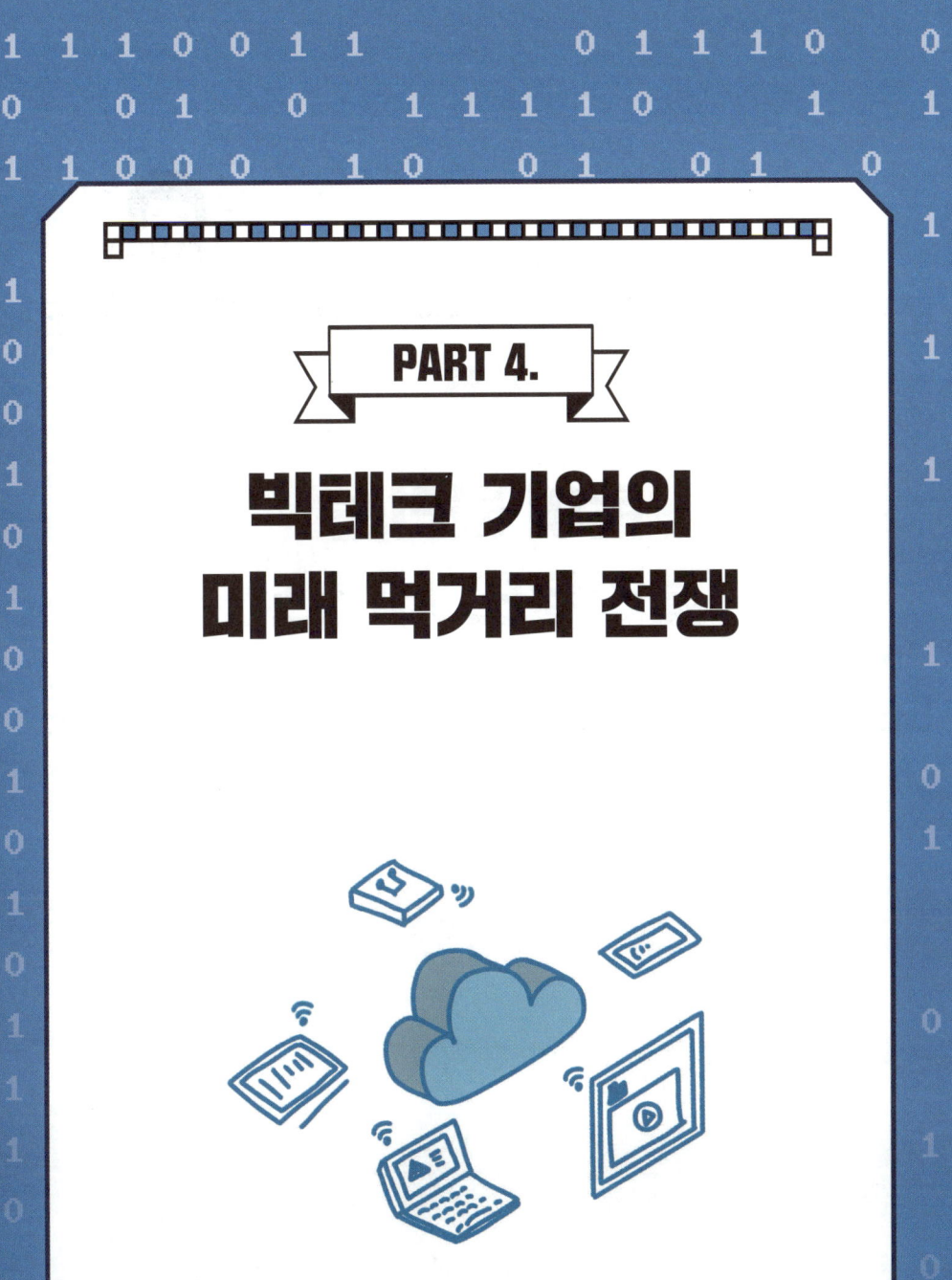

15화

돈이 몰리는
클라우드 서비스

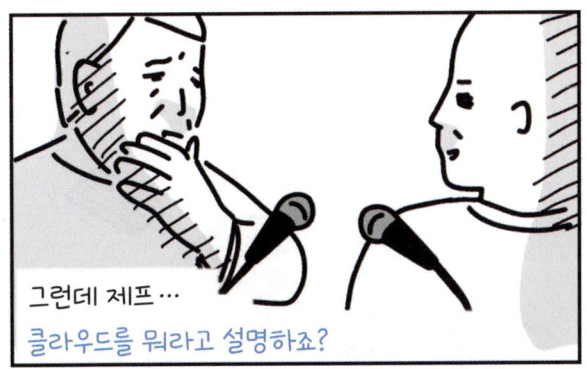

클라우드는 슈빠 뚜비두부

네이버 클라우드, 구글 드라이브, 애플 아이클라우드 등…

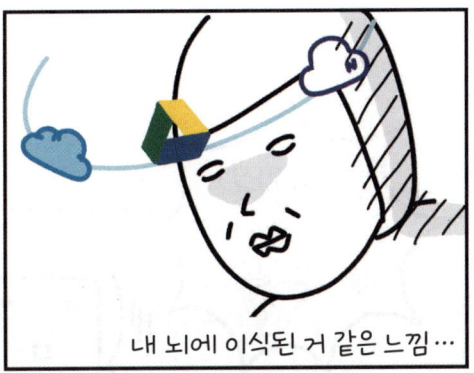

모두 우리에게 익숙한 클라우드(Cloud) 서비스다.

PC의 하드디스크를 대신해
온라인의 저장 공간을 대여해 주는
스토리지 서비스들이며

'클라우드' 하면 제일 먼저
떠오르는 서비스이기도 하다.

그러나 사실
클라우드의 개념은
이보다 넓다는 것!

스토리지 서비스는 클라우드 서비스의
일부에 지나지 않는다.

클라우드 서비스, 클라우드 컴퓨팅이라고도 부르는 분야는

아마존이 2006년 아마존웹서비스(AWS)를
출시하며 시작되었다.

클라우드는 단순히 저장 공간만을
빌려주는 게 아니라

다양한 컴퓨팅 자원과 IT 기술을
제공하는 플랫폼으로 발전했다.

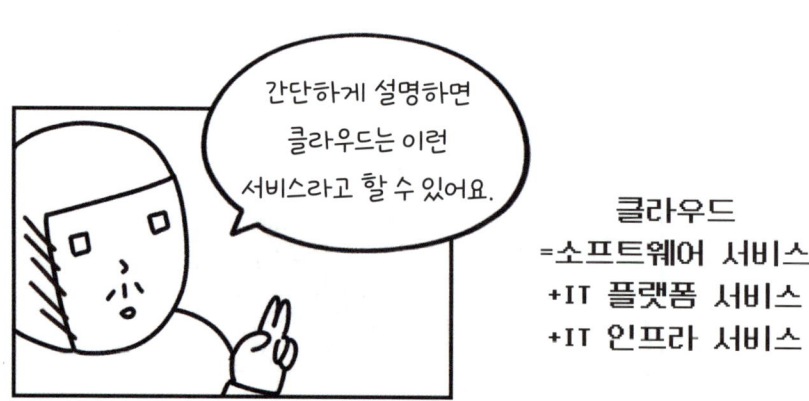

간단하게 설명하면 클라우드는 이런 서비스라고 할 수 있어요.

클라우드
=소프트웨어 서비스
+IT 플랫폼 서비스
+IT 인프라 서비스

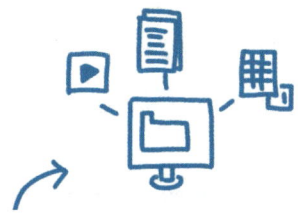

"이를 각각 SaaS(Software as a Service), PaaS(Platform as a Service), IaaS(Infrastructure as a Service)라 부른답니다."

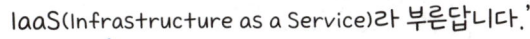

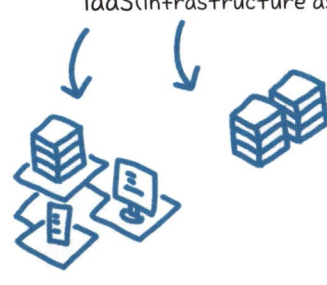

그럼 서비스를 하나씩 살펴보죠.

첫 번째, 소프트웨어 서비스

SaaS는 앞서 설명한 것처럼
구글 드라이브, 네이버 클라우드, 드롭박스와 같이
우리에게 익숙한 스토리지 서비스를 비롯해,

구글 드라이브, 에버노트, 노션, MS오피스,
어도비 포토샵처럼 완성된 프로그램 형태로
제공하는 서비스를 말한다.

여기는 완전 익숙한 아이들이 많군…

두 번째, IT 플랫폼 서비스

PaaS는 애플리케이션을 개발할 수 있는 플랫폼을 제공한다.

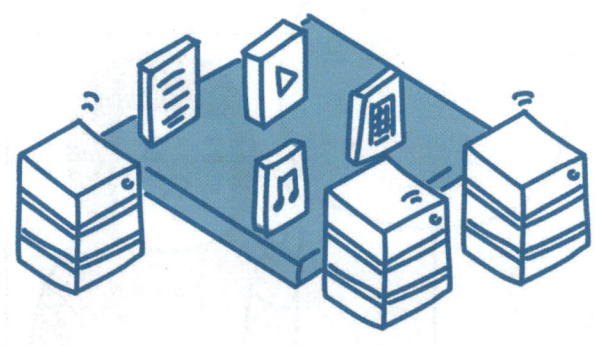

PaaS는 애플리케이션을 구축·관리하는 데 사용하는 하드웨어와 소프트웨어를 제공한다. 따로 구입해 설치할 필요가 없다.

세 번째, IT 인프라 서비스

IaaS는 온라인을 이용해 클라우드 서버를 자유자재로 사용할 수 있게 해준다.

어서 와,
내 서버를 소개할게.

"잠깐, 여기서 서버(server)란? 정보나 서비스를 네트워크를 통해 이용자에게 제공하는 컴퓨터 시스템이에요. 우리가 아무 때나 사이트에 접속할 수 있는 이유는 이를 유지하는 서버가 24시간 켜져 있기 때문이에요."

또다시 등장한
투머치 쏜

직접 서버를 운영하려면 물리적인 공간과 장비가 필요하고
시스템을 유지하기 위해 전문 관리자가 있어야 한다.

또한 서버를 증설하려면 시간도 오래 걸리고,
사용량이 줄면 유휴자원이 발생하게 된다.

이때 AWS 같은 클라우드에 서버 관리를
아웃소싱하면 고정비를 줄일 수 있고,

필요에 따라 빠르게 자원을 늘리거나
축소할 수 있어 유연하게 대응할 수 있다.

삼성전자는 2019년 860TB 규모에 달하는 갤럭시의 데이터베이스를 AWS로 이전했다.

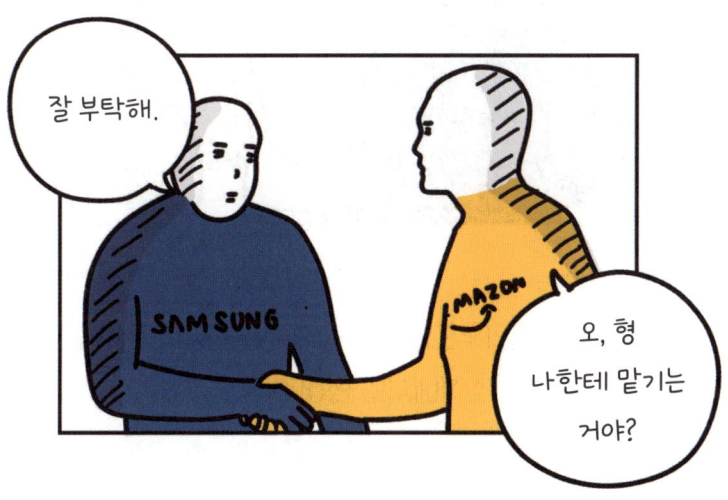

이번 화 두 번째 등장

"1TB(테라바이트)가 얼마인지 궁금하실까 봐 말씀드리자면 1TB=1,024GB입니다."

2021년에 삼성전자는 분산 차원에서
일부 업무를 MS 애저*로 이전했다고 한다.

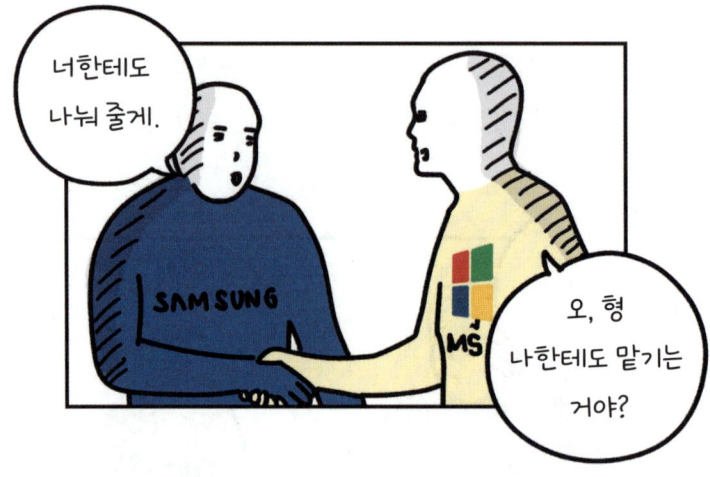

이처럼 클라우드는 삼성전자 같은 대기업은 물론,
정부 조직에서도 많이 이용하고 있다.

미국 국방부도 군사정보 관리를 위해
클라우드 기반의 플랫폼을 구축하려 하고 있다.

* MS Azure, 마이크로소프트의 클라우드 서비스다.

이를 위해 미국 국방부는
2019년에 MS를 사업자로 선정했다.

하지만 아마존이 계약자 선정 과정을
문제 삼아 소송을 제기했다.

그리고 아마존이 2021년 7월 소송에서 이기며
MS 사업자 선정이 취소되어 버렸다.

국방부는 MS, 아마존, 구글, 오라클 등 다수 사업자를
클라우드 사업자로 선정해 계약을 체결했다.

그만큼 돈이 되고
유망한 사업이라는 이야기죠.

더 알아보기

클라우드와 넷플릭스

클라우드 이용료를 가장 많이 내는 기업은 어디일까? 바로 넷플릭스다. 넷플릭스는 AWS를 이용하고 있는데, 2022년 기준 연간 5억 달러(우리 돈 6,000억 원 수준)를 넘게 지불하는 것으로 추정된다. 애플 또한 연간 3.6억 달러(우리 돈 4,300억 원 수준)로 어마어마한 금액을 클라우드 비용으로 지출하고 있다.

국내 클라우드 시장 현황

클라우드 시장은 대형 글로벌 기업의 점유율이 높으며, 처음 서비스를 결정한 후에는 시간과 비용 등의 문제로 이전이 쉽지 않은 특징을 보인다. 국내 클라우드 시장 점유율 순위는 2021년 1위 아마존 62.1%, 2위 MS 12.0%, 3위 네이버 7.0% 순으로 나타났다. 2019년 3위였던 구글을 제치고 네이버가 올라왔다는 점이 눈에 띈다.

국내 기업들도 클라우드 분야에 크게 주목하고 있는데, 대표적인 국내 클라우드 서비스 제공 사업자 Cloud Service Provider, CSP로는 KT, 네이버, NHN이 있다. 이들 3사는 글로벌 기업이 진출하지 못하고 있는 공공 분야를 중심으로 사업을 펼치고 있다. 이는 공공 클라우드 시장에 진출하려면 클라우드 보안 인증 Cloud Security Assurance Program, CSAP을 취득해야 하는데, 이를 위해선 IT 인프라와 데이터를 물리적으로 국내에 두도록 하고 있어 글로벌 기업의 진출이 쉽지 않기 때문이다. 삼성SDS도 직접 개발한 삼성 클라우드 플랫폼 Samsung Cloud Platform, SCP을 통해 기업용 클라우드 시장을 공략할 계획이다. 삼성전자는 2023년 3월 자사 원격업무시스템을 MS 애저에서 SCP로 대체한다고 밝혔다.

16화

아마존 vs MS vs 구글, 구름 타고 대격돌

클라우드 전쟁 상황에 대해 살펴보자.

클라우드 서비스를 제공하는 기업을 살펴보면,

그동안 아마존이 독주해 오다
최근 MS와 구글의 점유율이 점차 올라가는 추세다.

2020년 말 기준 아마존이 32%, MS가 20%, 구글이 9%를 차지하고 있어요.

인터넷 쇼핑몰은 특정 시기에 엄청난 트래픽이 몰려들 때가 있다.

블랙 프라이데이 쇼핑몰 접속 상황.jpg

이를 견디기 위해선 서버를 비롯해
엄청난 컴퓨팅 자원을 확보해 두어야 한다.

그러나 이렇게 막대한 비용을 들여 설치한 시설은
트래픽이 몰리지 않는 평상시에 쓰지 않기에
유지 관리 비용만 잡아먹게 된다.

아마존은 이러한 유휴자원을 활용할 방법을
찾는 과정에서 클라우드 사업에 진출하게 된 것이다.

아마존의 예상은 맞았다. 이는 아마존처럼 유연하게
컴퓨팅 자원을 활용하고자 하는 기업에게
꼭 필요한 서비스였던 것이다.

깊은 깨달음

2022년 기준으로 AWS는 17개 국가에 115곳 이상의 데이터 센터를 구축해 운영하고 있다.

후발주자의 위협을 받고 있으나 여전히 가장 경쟁력 있는 업체라 평가받는다.

MS는 2008년 애저를 출시했고,

구글은 2011년 구글 클라우드 플랫폼(GCP)을 출시했다.

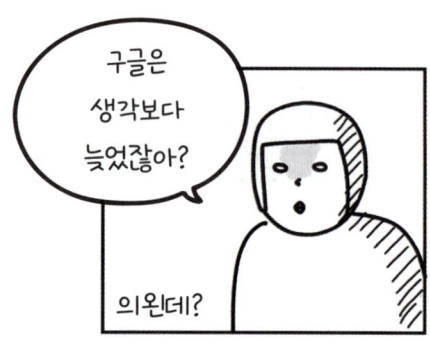

또한 IBM과 오라클, 중국의 알리바바와 텐센트도
클라우드 서비스 전쟁에 참여하고 있다.

국내에서는 아마존과 MS가 시장을 차지한 비중이
60% 정도이긴 하지만, 국내 기업들도 분발하고 있다.

2021년 매출 기준으로 KT 클라우드, 네이버 클라우드,
NHN 클라우드가 삼강 구도를 이루고 있다.

PART 4. 빅테크 기업의 미래 먹거리 전쟁

클라우드 산업이 예전보다 커진 대표적인 이유로

빨라진 인터넷 속도와
저렴해진 요금을 들 수 있다.

과거에는 통신 비용이 높아 각종 프로그램을
직접 설치하는 게 저렴했다면,

게임 하나 다운 받는 데 일주일각

지금은 대규모로 집적화된 시설에 접속해서
다운로드하는 게 더 저렴해진 것이다.

아이폰 14 128GB 125만 원, 아이폰 14 256GB 140만 원으로 용량 128GB 차이에 15만 원의 가격 차이가 난다(2022년 기준).

15만 원이면 약 3.8년을 사용할 수 있으니,
휴대폰을 3.8년 이내로 사용한다면
클라우드 서비스를 이용하는 게
더 경제적인 것이다.
(데이터는 무제한 요금제라고 가정!)

또한 기업에서 발생하는 영상, 음성 등의 데이터를
AI로 분석하거나 연구를 위해 분석하고 싶을 때,

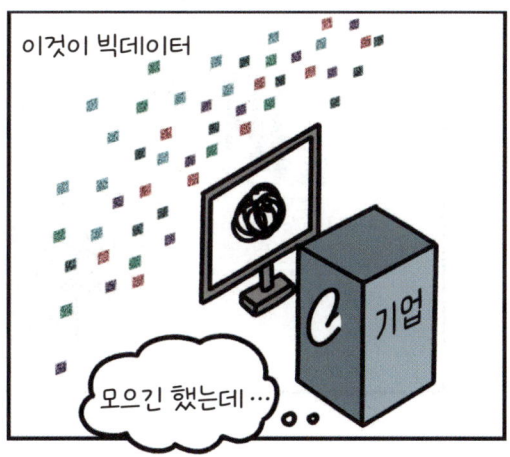

분석 툴을 직접 개발하려면 막대한 개발 비용이 발생한다.

이미 개발된 기술들을 끌어모아 기업에 맞는 툴을
제작하는 것이 훨씬 경제적이다.

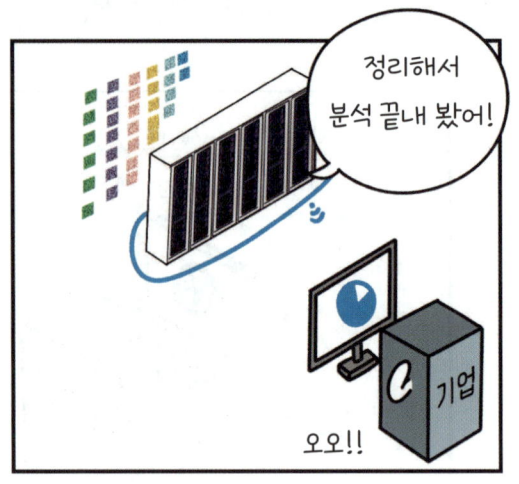

이 과정에서 기술을 제공하는 쪽이나
이용하는 쪽 모두 클라우드를 사용하게 된다.

기업뿐만 아니라 개인이
클라우드를 이용하는 일도 많다.

최종 버전 파일 찾는 데 인생의 10%를 쓰고 있는
클라우드 서비스가 없는 우주에 사는 쏠

클라우드 서비스 단점

클라우드 서비스에는 단점도 있는데 첫 번째, 인터넷 의존성이 높아진다. 클라우드 서비스는 인터넷에 연결해야 이용할 수 있으므로 연결이 끊어지면 서비스에 접근할 수 없다. 두 번째, 데이터 프라이버시 문제다. 고객 데이터를 원격 서버에 저장하므로 데이터 프라이버시와 보안에 대한 우려가 있을 수 있다.

세 번째, 클라우드 서비스를 사용하는 회사는 데이터와 인프라에 대한 제어 권한 일부를 서비스 공급자에게 제공해야 한다. 네 번째, 기존에 사용하던 시스템이 있는 회사는 기존 시스템과 통합하면서 문제가 발생할 수 있다. 다섯 번째, 하나의 공급업체에 의존하게 된다. 한번 공급업체를 선정하면 다른 공급업체로 전환하기 어려울 수 있다.

클라우드 분야의 산업 규모

클라우드 산업 규모는 빠르게 성장하고 있다. 미국의 IT 전문 리서치 회사인 가트너Gartner는 2022년 퍼블릭 클라우드 시장 규모는 4,903억 달러였으며, 2023년에는 20% 이상 증가하여 5,918억 달러 수준에 이를 것으로 전망했다.

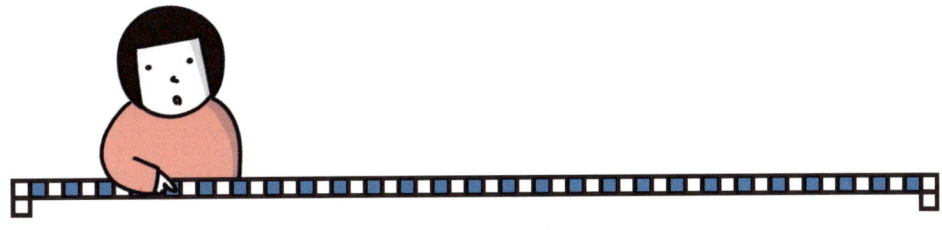

17화

0과 1이 공존하는 세계, 양자컴퓨터

컴퓨터, 스마트폰, 웹, SNS, 블록체인, 메타버스, AI, 클라우드…
디지털 없이는 생활하기 어려운 시대가 되었다.

이제는 디지털 무대에서
서로 만나고 연결되는 상황이 흔해졌다.

방구석 디지털 폐인

현실 세계를 보자.
우리는 두 손에 있는 손가락으로 10까지의 숫자를 센다.

즉, 사람은 십진법으로 세상을 이해한다.

하지만 디지털은 0과 1로 이루어진
이진법 언어를 사용한다.

그렇게 1942년, 0과 1을 이용해 계산하는 기계가 탄생하며
디지털 세상이 열린 것이다.

 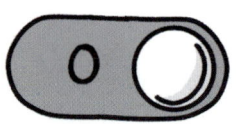

이진법은 없거나 있거나,
즉 0과 1로만 이루어진다고 보면 된다.

처음 0과 1을 구분하는 데 사용한 기술은 천공카드였다.

우리가 시험 답안지를 작성할 때 사용하는
OMR카드의 시초라 보면 된다.

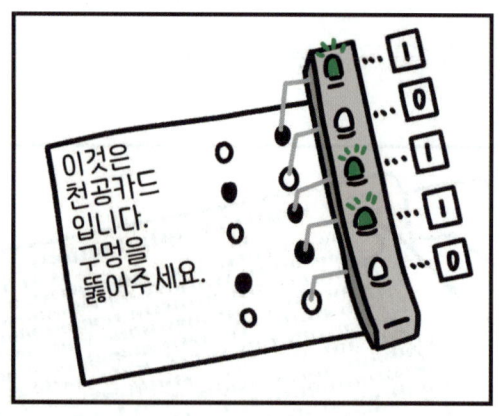

카드의 구멍이 뚫려 있는지(1) 막혀 있는지(0)로
0과 1을 구분한 것이다.

구멍 하나가 담고 있는
정보를 1비트라 한다.

이러한 구멍이 8개 모이면
1바이트(1바이트=8비트)가 되고,

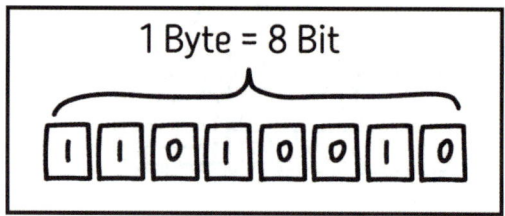

이를 다시 1,024(2¹⁰)개 모으면 1KB(킬로바이트)가 된다.

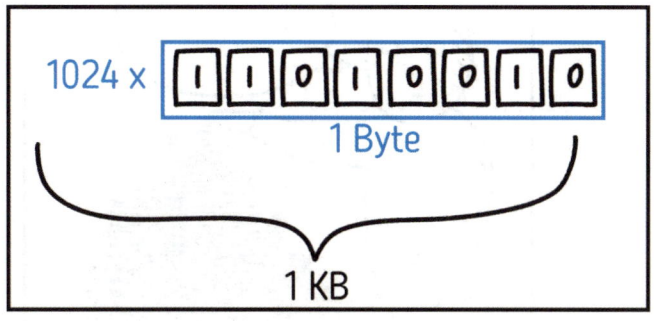

1KB를 다시 1,024개 모으면 1MB(메가바이트)가 된다.

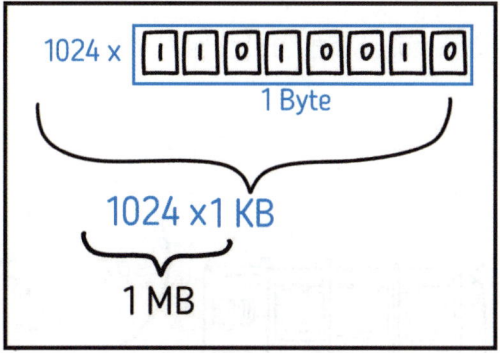

천공카드로 다시 표현해 보자면, 이렇다.

1MB는 840만 개의 천공카드 구멍에 해당하는 정보가 담겨 있는 것이다.

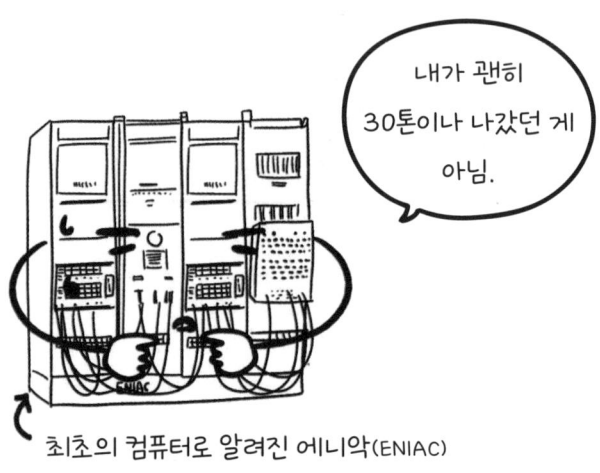

최초의 컴퓨터로 알려진 에니악(ENIAC)

에니악은 진공관 18,000개를 사용해
on/off로 0과 1을 표현했고,

사람들은 천공카드로 프로그램을 만들어 에니악에게 계산을 시켰다.

지금으로부터 54년 전인 1969년,
인류를 달에 착륙시켰던 아폴로 11호에 들어 있던
컴퓨터의 용량은 고작 72KB로

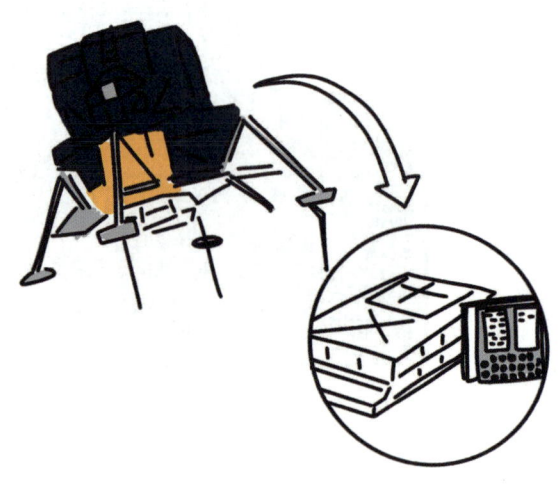

1MB에도 한참 미치지 못하는 정보였다.

요즘 우리가 사용하는 기기는 어떨까?

오늘날 스마트폰의 저장 용량은 128GB, 256GB(1GB=1,024MB)이며, PC에는 1TB의 용량도 사용된다.

컴퓨터의 두뇌에 해당하는 CPU 속도 역시
예전과 비교할 수 없이 빨라졌다.

기하급수적인 성능 향상으로 이제 스마트폰 하나는
인류가 달에 갈 때 사용했던 컴퓨터의
능력을 가뿐히 뛰어넘는다.

과거와 달리 오늘날의 컴퓨터는 0과 1을
표현할 때 트랜지스터를 사용한다.

이러한 특성을 이용해 전기가 흐르지 않으면 0,
전기가 흐르면 1로 표현한다.

우리가 일반적인 정보를 입력하면 이것들이 0과 1로 변환된다. 그리고 이 정보를 처리·계산하는 기계가 바로 컴퓨터다.

따라서 디지털 세상에서 모든 이미지와 음악, 영상은 0과 1로 구성된다.

천공카드든 반도체든 0과 1의 정보를
담아낸다면 컴퓨터가 될 수 있다.

그리고 이를 효율적으로 담아낼수록
'컴퓨터 성능이 발전한다'고 말하는 것이다.

이솔 씨,
2021년부터 동학개미

엄청나게 미세한 공정을 성공시킨 것인데, 그만큼 하나의 반도체 칩에 더 많은 트랜지스터를 넣을 수 있다는 의미예요.

양자컴퓨터를 설명하려다 보니 컴퓨터 설명이 길어졌네요. 이제 다음 화에서 양자컴퓨터가 등장합니다.

두둥!

양자 컴퓨터

최초의 컴퓨터

1946년에 개발된 에니악이 세계 최초의 전자 컴퓨터라고 알려져 있다. 그러나 현대적인 전자 컴퓨터로는 학자마다 의견이 다르긴 하지만 1942년에 개발된 어태너소프-베리 컴퓨터 Atnasoff-Berry Computer, ABC, 1943년에 개발된 영국의 콜로서스 Colossus가 에니악보다 빨리 개발된 전자 컴퓨터로 인정받고 있다.

디지털 논리

디지털 논리에 적용되는 수학을 만든 사람은 조지 불 George Boole이라는 영국 수학자다. 0과 1만으로 모든 논리적 연산을 가능하게 한 불리언 논리 Boolean logic 덕분에 컴퓨터를 비롯한 모든 전자 장치가 작동하고 있다.

양자컴퓨터

양자컴퓨터는 양자 역학의 원리를 이용하여 정보를 처리하는 컴퓨터다. 일반 컴퓨터와는 달리 이진수 0과 1을 사용하는 것이 아니라, 양자 상태라는 개념을 이용해 정보를 표현하고 처리한다. 양자컴퓨터는 양자 비트 Quantum Bit, Qubit라고 불리는 상태, 즉 0과 1이 동시에 존재하는 양자 상태를 이용하여 계산을 수행한다. 이로 인해 양자컴퓨터는 특정 분야에서는 일반 컴퓨터보다 훨씬 빠르게 복잡한 계산을 처리할 수 있다. 하지만 양자컴퓨터는 기존 알고리즘들을 그대로 사용할 수 없는 것을 비롯해 여러 기술적인 문제가 남아 있어 상용화까지는 아직 많은 시간이 필요하다.

18화

양자컴퓨터의 미래

양자컴퓨터는 0과 1 정보를 담을 때,

트랜지스터가 아니라 양자를 이용한다.

그런데 아주 작은 물질들은 그들의 세계에서
조금 다른 법칙을 따르고 있다.

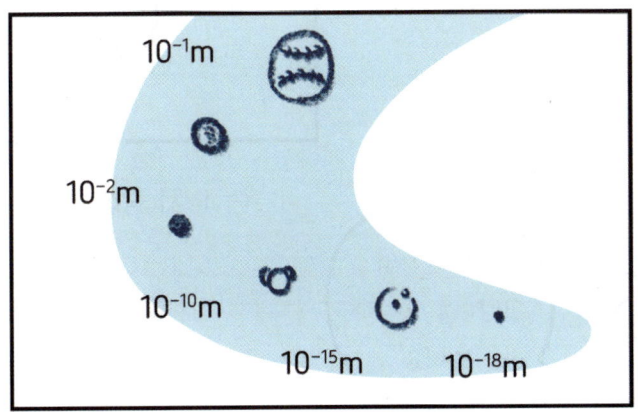

우리가 사는 세상에서 일반적인 물질들은
0 아니면 1, 둘 중 하나의 상태만 가능하지만

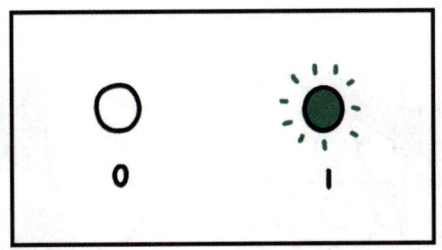

양자의 세계에서 양자는 0과 1,
두 상태 모두가 될 수 있다.

즉 '양자 중첩' 상태다.

상자를 열어 보기 전까지 고양이는
살아 있으면서 죽은, 두 가지의 상태로 동시에 존재한다.

이것이 '양자의 중첩'이다.

양자컴퓨터에서는 1비트(Bit)를 1큐비트(Qubit)라고 하는데,

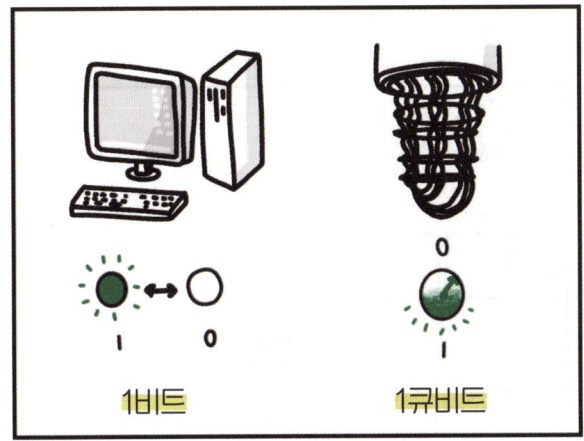

일반 컴퓨터에서 말하는 1비트와는 조금 다르다.

컴퓨터는 2비트가 있을 때, '0, 0' '0, 1' '1, 0' '1, 1' 이렇게 네 가지 중 하나의 정보만을 담게 된다.

네 가지 경우가 존재한다고 생각해도 돼요.

반면 양자컴퓨터는 2큐비트가 있을 때,
'0, 0' '0, 1' '1, 0' '1, 1'
네 가지 정보를 동시에 담을 수 있다.

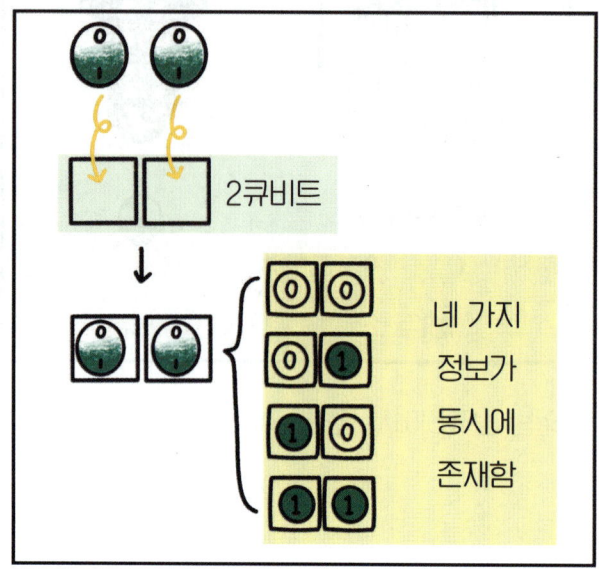

즉, 컴퓨터는 '0, 0' '0, 1' '1, 0' '1, 1'
네 가지 경우를 각각 넣어 계산해야 하지만

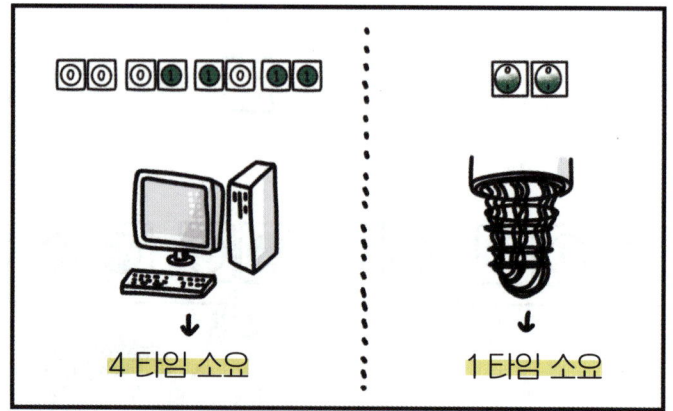

양자컴퓨터는 중첩 상태로 한 번에 계산할 수 있다.

여기까지 들으면 양자컴퓨터의
계산이 빠른 이유가 설명되는 것 같지만,

실제로 그렇게 단순한 이유는 아니라고 한다.

예를 들어, 0000부터 9999까지
네 자리 비밀번호를 찾는 문제를 보자.

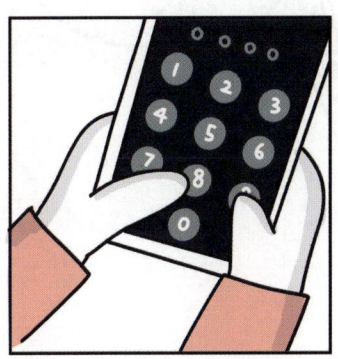

컴퓨터는 네 자리 숫자를
하나하나 입력해 보아야 한다.

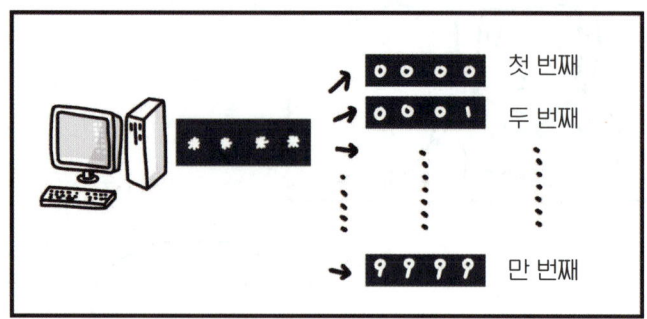

1만 가지 경우의 수가 있으므로
운이 좋으면 한 번에 풀리고,
운이 없으면 1만 번 만에 풀릴 수도 있다.

반면 양자컴퓨터는 1만 개의 모든 상태를
중첩해 동시에 확인할 수 있다.

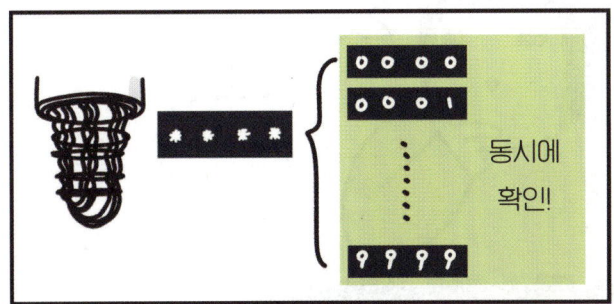

그런데 문제가 있다.

1만 개 중에 답이 있다는 것은 알지만
정작 어떤 번호가 답인지는 알아내지 못한다.

양자의 상태를 기술적으로 조금씩 달리해 어떤 상태에서 답이 나오는지 추적하면서 번호를 찾아야 하는데,

양자컴퓨터는 이 경우엔 100번 정도만 하면 알아낼 수 있다.

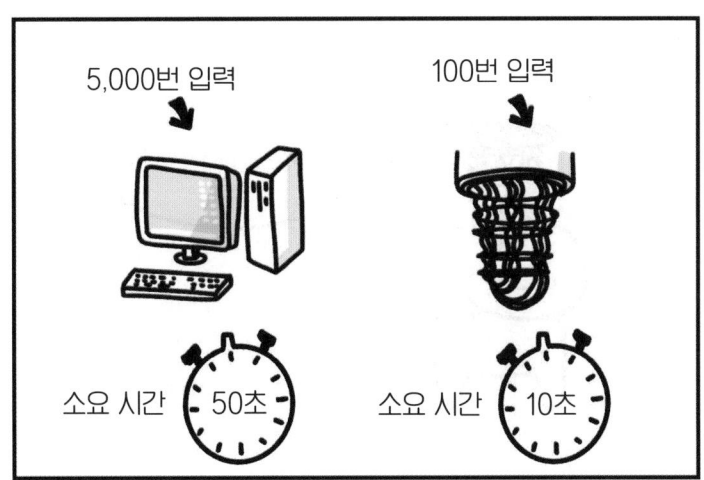

실제 시간 아님 주의

연산 횟수는 얼마나 줄일 수 있을까?

그리고 양자컴퓨터가 빠르게 문제를 해결할 수 있는 분야는 모든 분야가 아니라

앞서 설명한 것처럼 특정 분야에 한정된다.

이는 ==양자 알고리즘 동물원==
(Quantum Algorithm Zoo)이라는
홈페이지에 정리되어 있다.

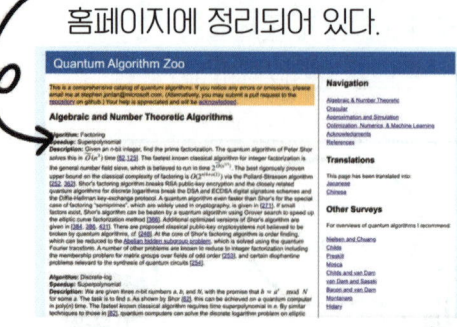

사람들이 가장 주목하는 것 중 하나는
양자컴퓨터가 빨리 계산할 수 있는 특정 문제의
보안 시스템을 푸는 방법도 있다는 점이다.

양자컴퓨터가 더욱 개선되면 은행이나 블록체인에서
사용하는 암호를 연산해 풀 수 있기 때문에
해킹의 위험이 높아질 수 있다.

따라서 이를 방어하기 위한 보안 시스템이 필요하다.

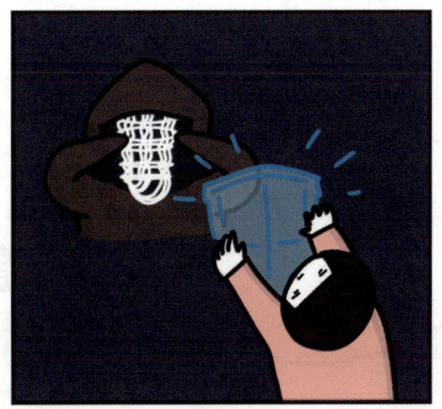

단순히 기존 암호 강도를 높이는 것만으로는 안 되고,
양자컴퓨팅으로도 해독이 불가능한
'양자내성암호'를 개발해야 한다.

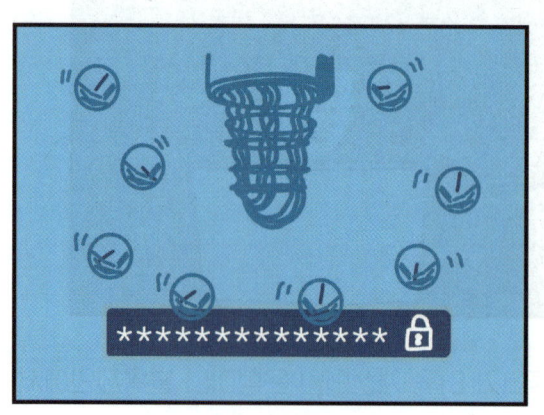

이에 '강력한 창'에 대비한
포스트 양자암호 연구가
활발하게 진행되고 있다.

2019년 구글이 양자컴퓨터를 발표했다.

구글 양자컴퓨터
시커모어(Sycamore)
53큐비트

하지만 아직은 사용할 분야가 거의 없는 장난감 수준이라고 한다.

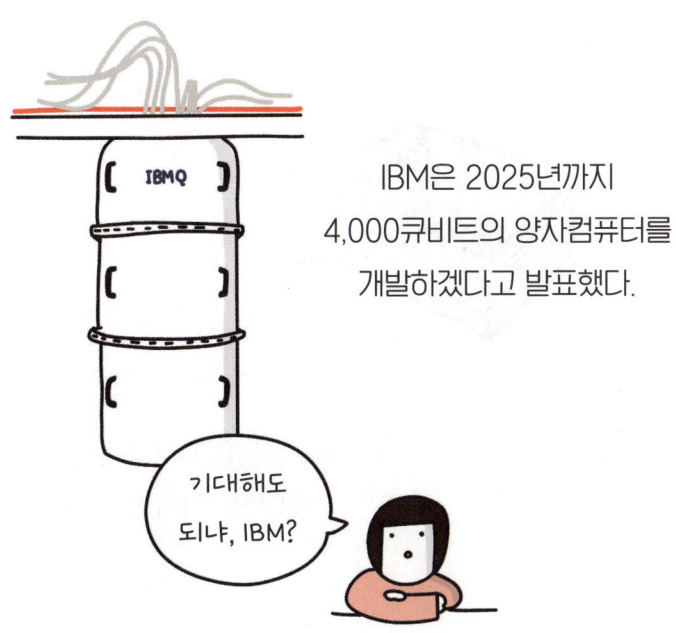

IBM은 2025년까지 4,000큐비트의 양자컴퓨터를 개발하겠다고 발표했다.

기대해도 되냐, IBM?

인류사 관점에서 보면, 최초의 컴퓨터(1942년)가
개발된 지 100년도 안 되었는데,

컴퓨터 개발 이후 분량

인류의 생활이 이렇게 달라졌다는
사실이 믿기 어려울 정도다.

슈뢰딩거의 고양이

슈뢰딩거의 고양이는 1935년 오스트리아 물리학자 에르빈 슈뢰딩거^{Erwin Schrödinger}가 고안한 양자역학 사고실험이다. 한 상자 안에 고양이와 방사성 물질이 들어 있는데, 방사성 물질에서 방사선이 나올 가능성은 50%다. 방사선이 나오면 방사선 감지기에서 이를 감지하고, 연결된 망치가 독성물질이 든 병을 깨뜨려 독이 나와 고양이를 죽게 한다는 잔혹한(?) 실험이다.

양자역학에 따르면 방사성 물질은 관찰되기 전까지 붕괴된 상태와 붕괴되지 않은 상태의 중첩 상태로 존재한다. 방사선이 나왔는지 나오지 않았는지 관찰해야 결정되는 것이다. 슈뢰딩거는 '그럼 미시세계의 사건을 거시세계와 연결하여, 고양이도 죽었는지 살았는지 상자를 열고 확인해야 결정되는 것이냐'고 묻는다.

즉, 상자를 열기 전에는 안에 있는 고양이가 살아 있는 상태와 죽어 있는 상태로 중첩되어 있다는 이야기다. 이 실험은 양자역학의 역설적이고 모순되는 특성을 보여 주기 위한 것이었는데, 너무 유명해져서 오늘날 양자역학의 대표적인 밈이 되었다.

은행 암호체계

전 세계 은행들이 인터넷 뱅킹에 RSA^{Rivest, Shamir, Adleman}라는 암호체계를 쓰고 있다. RSA 암호가 어떤 것인지 예를 들어 보자. 323은 두 수의 곱으로 되어 있는데, 그 두 수를 알아내기는 쉽지 않다. 모든 수를 하나씩 넣어 봐야 한다. 반면 17과 19의 곱을 구하는 문제에서는 쉽게 323을 구할 수 있다. 여기에서 우리가 알 수 있는 사실은 두 소수를 곱하는 것은 쉽지만, 그와 반대로 두 소수의 곱으로 이루어진 어떤 수를 다시 소인수분해하는 데에는 상당한 시간이 걸린다는 것이다.
RSA는 이런 식으로 두 소수의 곱으로 이루어진 매우 큰 수를 이용하는 암호체계다. 키(두 소수의 값)를 아는 사람은 쉽게 들어가지만, 키가 없는 사람은 들어가기 어렵다. 은행에서 사용하는 'RSA-2048'은 300자리나 되는 두 소수의 곱으로 이루어져 있는데, 이를 소인수분해하려면 슈퍼컴퓨터로도 1만 년이 걸린다.

양자 알고리즘 동물원

양자 알고리즘 동물원은 양자 컴퓨터에서 실행 가능한 알고리즘들의 목록을 모아 둔 웹사이트다. 양자컴퓨터는 전통적인 컴퓨터보다 훨씬 빠른 속도로 복잡한 문제를 해결할 수 있지만, 양자컴퓨터에서 실행 가능한 알고리즘은 전통적인 컴퓨터에서 실행 가능한 알고리즘과는 매우 다르다.

대표적인 알고리즘으로는 그로버 알고리즘 Grover's algorithm, 쇼어 알고리즘 Shor's algorithm 등이 있다. 이러한 알고리즘은 양자컴퓨터를 사용하면 전통적인 컴퓨터보다 훨씬 빠른 속도로 수행될 수 있다.

현재의 양자컴퓨터는 매우 제한적인 용도로만 사용될 수 있고, 양자 알고리즘 동물원에 수록된 알고리즘이 현실 세계에서 어떤 문제를 푸는 데 유용한지에 대해 지속적으로 연구가 이루어지고 있다.

웹사이트 주소는 https://quantumalgorithmzoo.org이다.

에필로그

0과 1이라는 디지털 세상이 태어나고
컴퓨터와 스마트폰을 사용하며
인류 사회는 큰 변화를 겪고 있다.

그렇게 아날로그에서만 가능하던 것들이
디지털 세상에서 새롭게 태어나고 있다.

웹 3.0, 블록체인은 디지털 세상에서 소유하는 것을 가능하게 했다.
이는 NFT라는 새로운 예술 시장을 열었고,
다오라는 탈중앙화된 자율 조직을 탄생시켰다.

메타버스는 우리의 시공간을 확장하거나
완전히 새로운 디지털 세계를 창조해 낸다.

클라우드와 AI는 새로운 디지털 지능을 탄생시켜

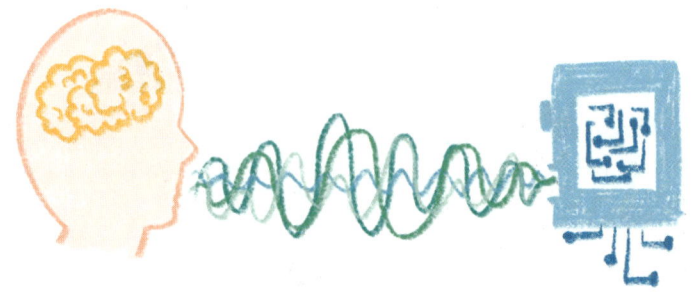

인간의 전유물로만 여겨졌던 지능을
기계가 구현해 낼 수 있는 수준에 이르렀다.

그리고 양자컴퓨터는 0과 1이라는
디지털 정보를 담는 그릇으로

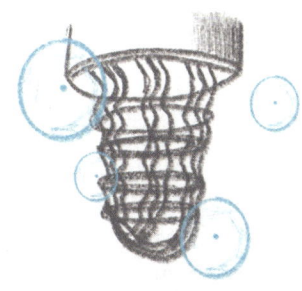

세상을 가장 작은 양자로 새롭게 구축하려 한다.

이렇게 기술은 끊임없이 발전하고,
인류의 상상은 현실이 되고 있다.

"앞으로 세상은 또
어떻게 달라질까요?
함께 지켜보아요."

참고 자료

김대식, 《메타버스 사피엔스》, 동아시아, 2022
김동은, 《NFT 현명한 투자자》, 알투스, 2022
다케다 슌타로, 《처음 읽는 양자컴퓨터 이야기》, 전종훈 옮김, 플루토, 2021
마케 하거, 《NFT로 부자 되기》, 이정린 옮김, 예문, 2022
맷 포트나우, 큐해리슨 테리, 《NFT 사용설명서》, 남경보 옮김, 여의도책방, 2021
머니 편집부, 《머니(MONEY)》, 2022년 4월호
백훈종, 《웹 3.0 사용설명서》, 여의도책방, 2022
성소라, 롤프 회퍼, 스콧 맥러플린, 《NFT 레볼루션》, 더퀘스트, 2021
윤혜식, 《클라우드》, 미디어샘, 2022
이승환, 《메타버스 초보자가 가장 알고 싶은 최다질문 TOP 45》, 메이트북스, 2022
이시한, 《NFT의 시대》, 다산북스, 2022
이임복, 《NFT 디지털 자산의 미래》, 천그루숲, 2022
이임복, 《메타버스, 이미 시작된 미래》, 천그루숲, 2022
정구태, 《새로운 시대의 부, 디지털 자산이 온다》, 미래의 창, 2021
한경비즈니스 편집부, 《한경비즈니스》, 2023년 2월호
홍기훈, 《NFT 미래수업》, 한국경제신문, 2022

국회입법조사처, 〈NFT·블록체인을 활용한 디지털자산(지식재산)의 가치창출〉, 2021.12.20
리걸타임즈, 〈메타버스의 현황과 법률적 이슈〉, 2022.02.03
코빗 리서치, 〈NFT 거래소: 동향과 전망〉, 2022.09.23
코스콤, 〈NFT 금융 서비스의 대두〉, 2022.02.26
하나금융경영연구소, 〈2022 Korean Wealth Report〉, 2022.04.13
하나금융경영연구소, 〈NFT, 금융업의 新 Biz모델로 확장 가능성〉, 이화정, 2022.04.18
한국지능정보사회진흥원, 〈디지털로 바라본 우크라이나-러시아 사태〉, 2022.03.28

문화체육관광부, "저작권 확보방안", https://www.mcst.go.kr/kor/s_policy/copyright/question/question01.jsp
법제처, "저작권자의 저작물 이용허락", https://easylaw.go.kr/CSP/CnpClsMain.laf?popMenu=ov&csmSeq=695&ccfNo=3&cciNo=1&cnpClsNo=1